O CONSUMIDOR E O SUPREMO

ADRIANO ÁVILA

Prefácio
Erick Linhares

O CONSUMIDOR E O SUPREMO

Belo Horizonte

2024

© 2024 Editora Fórum Ltda.

É proibida a reprodução total ou parcial desta obra, por qualquer meio eletrônico, inclusive por processos xerográficos, sem autorização expressa do Editor.

Conselho Editorial

Adilson Abreu Dallari
Alécia Paolucci Nogueira Bicalho
Alexandre Coutinho Pagliarini
André Ramos Tavares
Carlos Ayres Britto
Carlos Mário da Silva Velloso
Cármen Lúcia Antunes Rocha
Cesar Augusto Guimarães Pereira
Clovis Beznos
Cristiana Fortini
Dinorá Adelaide Musetti Grotti
Diogo de Figueiredo Moreira Neto (*in memoriam*)
Egon Bockmann Moreira
Emerson Gabardo
Fabrício Motta
Fernando Rossi
Flávio Henrique Unes Pereira
Floriano de Azevedo Marques Neto
Gustavo Justino de Oliveira
Inês Virgínia Prado Soares
Jorge Ulisses Jacoby Fernandes
Juarez Freitas
Luciano Ferraz
Lúcio Delfino
Marcia Carla Pereira Ribeiro
Márcio Cammarosano
Marcos Ehrhardt Jr.
Maria Sylvia Zanella Di Pietro
Ney José de Freitas
Oswaldo Othon de Pontes Saraiva Filho
Paulo Modesto
Romeu Felipe Bacellar Filho
Sérgio Guerra
Walber de Moura Agra

Luís Cláudio Rodrigues Ferreira
Presidente e Editor

Coordenação editorial: Leonardo Eustáquio Siqueira Araújo
Aline Sobreira de Oliveira

Rua Paulo Ribeiro Bastos, 211 – Jardim Atlântico – CEP 31710-430
Belo Horizonte – Minas Gerais – Tel.: (31) 2121.4900
www.editoraforum.com.br – editoraforum@editoraforum.com.br

Técnica. Empenho. Zelo. Esses foram alguns dos cuidados aplicados na edição desta obra. No entanto, podem ocorrer erros de impressão, digitação ou mesmo restar alguma dúvida conceitual. Caso se constate algo assim, solicitamos a gentileza de nos comunicar através do *e-mail* editorial@editoraforum.com.br para que possamos esclarecer, no que couber. A sua contribuição é muito importante para mantermos a excelência editorial. A Editora Fórum agradece a sua contribuição.

Dados Internacionais de Catalogação na Publicação (CIP) de acordo com ISBD

A958c	Ávila, Adriano
	O consumidor e o Supremo / Adriano Ávila. Belo Horizonte: Fórum, 2024.
	173 p. 14,5x21,5cm
	ISBN 978-65-5518-650-5
	1. Precedentes qualificados. 2. Supremo Tribunal Federal. 3. Consumidor. I. Título.
	CDD: 340
	CDU: 34

Ficha catalográfica elaborada por Lissandra Ruas Lima – CRB/6 – 2851

Informação bibliográfica deste livro, conforme a NBR 6023:2018 da Associação Brasileira de Normas Técnicas (ABNT):

ÁVILA, Adriano. *O consumidor e o Supremo*. Belo Horizonte: Fórum, 2024. 173 p. ISBN 978-65-5518-650-5.

SUMÁRIO

PREFÁCIO
Erick Linhares.. 19

APRESENTAÇÃO 21

CÓDIGO DE DEFESA DO CONSUMIDOR LEI Nº 8.078,
DE 11 DE SETEMBRO DE 1990 23

TÍTULO
Dos Direitos do Consumidor.. 23

CAPÍTULO I
Disposições Gerais 23

    Art. 1º 23

    Art. 2º 23

    Art. 3º 23

CAPÍTULO II
Da Política Nacional de Relações de Consumo 23

    Art. 4º 23

    Art. 5º 29

CAPÍTULO III
Dos Direitos Básicos do Consumidor 29

    Art. 6º 29

Art. 7º 36

CAPÍTULO IV
Da Qualidade de Produtos e Serviços, da Prevenção
e da Reparação dos Danos 37

SEÇÃO I
Da Proteção à Saúde e Segurança 37

Art. 8º 37

Art. 9º 38

Art. 10 39

Art. 11 40

SEÇÃO II
Da Responsabilidade pelo Fato do Produto e do Serviço 40

Art. 12 40

Art. 13 41

Art. 14. 41

Art. 15 42

Art. 16 42

Art. 17 42

SEÇÃO III
Da Responsabilidade por Vício do Produto e do Serviço

Art. 18 42

Art. 19 43

Art. 20 43

Art. 21.. 44

Art. 22 44

Art. 23 45

Art. 24 45

Art. 25 45

SEÇÃO IV
Da Decadência e da Prescrição.. 45

Art. 26 45

Art. 27 46

SEÇÃO V
Da Desconsideração da Personalidade Jurídica 46

Art. 28. 46

CAPÍTULO V
Das Práticas Comerciais 47

SEÇÃO I
Das Disposições Gerais 47

Art. 29 47

SEÇÃO II
Da Oferta 47

Art. 30 47

Art. 31 48

Art. 32 50

Art. 33 50

Art. 34 51

Art. 35 51

SEÇÃO III
Da Publicidade 51

Art. 36 51

Art. 37 53

Art. 38 55

SEÇÃO IV
Das Práticas Abusivas.. 56

Art. 39 56

Art. 40 60

Art. 41 61

SEÇÃO V
Da Cobrança de Dívidas 61

Art. 42 61

SEÇÃO VI
Dos Bancos de Dados e Cadastros de Consumidores 61

Art. 43 61

Art. 44 64

Art. 45 64

CAPÍTULO VI
Da Proteção Contratual... 64

SEÇÃO I
Disposições Gerais 64

Art. 46 64

Art. 47 65

Art. 48 65

Art. 49 65

Art. 50 65

SEÇÃO II
Das Cláusulas Abusivas 65

Art. 51 65

Art. 52 68

Art. 53 69

SEÇÃO III
Dos Contratos de Adesão... 69

Art. 54 69

CAPÍTULO VI-A
DA PREVENÇÃO E DO TRATAMENTO DO
SUPERENDIVIDAMENTO
(Incluído pela Lei nº 14.181, de 2021)... 71

Art. 54-A 71

Art. 54-B 72

Art. 54-C 73

Art. 54-D 75

Art. 54-E 75

Art. 54-F 76

Art. 54-G 76

CAPÍTULO VII
Das Sanções Administrativas (Vide Lei nº 8.656, de 1993) 77

Art. 55 77

Art. 56 79

Art. 57 80

Art. 58 80

Art. 59 80

Art. 60 80

TÍTULO II
Das Infrações Penais 81

Art. 61 81

Art. 62 81

Art. 63 81

Art. 64 81

Art. 65 81

Art. 66 82

Art. 67 82

Art. 68 82

Art. 69 82

Art. 70 82

Art. 71 82

Art. 72 82

Art. 73 82

Art. 74 83

Art. 75 83

Art. 76 83

Art. 77 83

Art. 78 83

Art. 79 84

Art. 80 84

TÍTULO III
Da Defesa do Consumidor em Juízo 84

CAPÍTULO I
Disposições Gerais 84

Art. 81 84

Art. 82 84

Art. 83 85

Art. 84 85

Art. 85 85

Art. 86 86

Art. 87 86

Art. 88 86

Art. 89 86

Art. 90 86

CAPÍTULO II
Das Ações Coletivas Para a Defesa de Interesses Individuais
Homogêneos 86

Art. 91 86

Art. 92 86

Art. 93 86

Art. 94 90

Art. 95 90

Art. 96 90

Art. 97 90

Art. 98 90

Art. 99 90

Art. 100... 91

CAPÍTULO III
Das Ações de Responsabilidade do Fornecedor
de Produtos e Serviços 91

Art. 101 91

Art. 102... 91

Art. 103... 92

Art. 104... 92

CAPÍTULO V
DA CONCILIAÇÃO NO SUPERENDIVIDAMENTO
(Incluído pela Lei nº 14.181, de 2021) 93

Art. 104-A 93

Art. 104-B 94

Art. 104-C 95

TÍTULO IV
Do Sistema Nacional de Defesa do Consumidor 95

Art. 105... 95

Art. 106... 95

TÍTULO V
Da Convenção Coletiva de Consumo 96

Art. 107.. 96

Art. 108.. 97

TÍTULO VI
Disposições Finais.. 97

Art. 109.. 97

Art. 110.. 97

Art. 111.. 97

Art. 112.. 97

Art. 113.. 97

Art. 114.. 98

Art. 115.. 98

Art. 116.. 98

Art. 117.. 98

Art. 118.. 98

Art. 119.. 98

CÓDIGO PENAL – DECRETO-LEI
Nº 2.848, DE 7 DE DEZEMBRO DE 1940................................... 99

LEI GERAL DO ESPORTE – LEI Nº 14.597,
DE 14 DE JUNHO DE 2023..100

LEI DAS PISCINAS –
LEI Nº 14.327, DE 13 DE ABRIL DE 2022..................................105

POLÍTICA NACIONAL DE MOBILIDADE URBANA –
LEI Nº 12.587, DE 3 DE JANEIRO DE 2012............................ 106

LEI – CONTRATOS IMOBILIÁRIOS –
LEI Nº 13.786, DE 27 DE DEZEMBRO DE 2018.................... 108

LEI GERAL DE PROTEÇÃO DE DADOS –
LEI Nº 13.709, DE 14 DE AGOSTO DE 2018.......................... 111

LEI – PUBLICIDADE DE TARIFAS –
LEI Nº 13.673, DE 5 DE JUNHO DE 2018............................... 113

LEI – DIVULGAÇÃO DE PREÇOS NO
COMÉRCIO ELETRÔNICO – LEI Nº 13.543,
DE 19 DE DEZEMBRO DE 2017.. 114

LEI DE PROTEÇÃO AO USUÁRIO DO
SERVIÇO PÚBLICO – LEI Nº 13.460,
DE 26 DE JUNHO DE 2017... 115

LEI DOS PRODUTOS FRACIONADOS – LEI Nº 13.175,
DE 21 DE OUTUBRO DE 2015... 119

LEI DA MEIA-ENTRADA PELA INTERNET –
LEI Nº 13.179,
DE 22 DE OUTUBRO DE 2015... 120

ESTATUTO DA PESSOA COM DEFICIÊNCIA –
LEI Nº 13.146, DE 6 DE JULHO DE 2015................................ 121

LEI DA VENDA DE VEÍCULOS – LEI Nº 13.111, DE 25
DE MARÇO DE 2015... 126

MARCO CIVIL DA INTERNET – LEI Nº 12.965,
DE 23 DE ABRIL DE 2014... 128

LEI DA MEIA ENTRADA – LEI Nº 12.933,
DE 26 DE DEZEMBRO DE 2013.. 130

ESTATUTO DA JUVENTUDE – LEI Nº 12.852, DE 5 DE AGOSTO DE 2013 132

DECRETO DO COMÉRCIO ELETRÔNICO – DECRETO Nº 7.962, DE 15 DE MARÇO DE 2013 133

LEI DA TRANSPARÊNCIA DOS TRIBUTOS – LEI Nº 12.741, DE 8 DE DEZEMBRO DE 2012 136

LEI DO SCORE DE CRÉDITO – LEI Nº 12.414, DE 9 DE JUNHO DE 2011 138

LEI DO EXEMPLAR DO CDC – LEI Nº 12.291, DE 20 DE JULHO DE 2010 140

MARCO LEGAL DO SANEAMENTO BÁSICO – LEI Nº 11.445, DE 5 DE JANEIRO DE 2007 141

LEI DA AFIXAÇÃO DOS PREÇOS – LEI Nº 10.962, DE 11 DE OUTUBRO DE 2004 142

ESTATUTO DA PESSOA IDOSA – LEI Nº 10.741, DE 1º DE OUTUBRO DE 2003 144

ESTATUTO DE DEFESA DO TORCEDOR – LEI Nº 10.671, DE 15 DE MAIO DE 2003 146

DIA DO CONSUMIDOR – LEI Nº 10.504, DE 8 DE JULHO DE 2002 147

LEI DO BLOQUEIO DE PROGRAMAÇÃO – LEI Nº 10.359, DE 27 DE DEZEMBRO DE 2001 148

LEI DE EMOLUMENTOS – LEI Nº 10.169, DE 29 DE DEZEMBRO DE 2000 150

LEI DO ATENDIMENTO PRIORITÁRIO – LEI Nº 10.048, DE 8 DE NOVEMBRO DE 2000 151

LEI CONTRA AUTOSERVIÇO – LEI Nº 9.956, DE 12 DE
JANEIRO DE 2000 152

LEI DE DATAS OPCIONAIS – LEI Nº 9.791, DE 24 DE
MARÇO DE 1999 153

LEI DAS MENSALIDADES ESCOLARES – LEI Nº 9.870,
DE 23 DE NOVEMBRO DE 1999 154

LEI DAS EMBALAGENS – LEI Nº 9.832, DE 14 DE
SETEMBRO DE 1999 156

LEI DO SISTEMA FINANCEIRO IMOBILIÁRIO – LEI
Nº 9.514, DE 20 DE NOVEMBRO DE 1997 157

LEI – ADVERTÊNCIA DE GLÚTEN – LEI Nº 8.543, DE 23
DE DEZEMBRO DE 1992 159

LEI DE COMBUSTÍVEIS – LEI Nº 8.176, DE 8 DE
FEVEREIRO DE 1991 160

LEIS – FINANCIAMENTO IMOBILIÁRIO – LEI Nº
8.100, DE 5 DE DEZEMBRO DE 1990 161

LEIS – FINANCIAMENTO IMOBILIÁRIO – LEI Nº
8.692, DE 28 DE JULHO DE 1993 162

LEI – CRIMES CONTRA RELAÇÕES DE CONSUMO –
LEI Nº 8.137, DE 27 DE DEZEMBRO DE 1990 163

DECRETO – INFORMAÇÃO CLARA – DECRETO Nº
5.903, DE 20 DE SETEMBRO DE 2006 165

DECRETO – SISTEMA NACIONAL DE DEFESA
DO CONSUMIDOR – DECRETO Nº 2.181, DE 20 DE
MARÇO DE 1997 169

PREFÁCIO

Constitui-se elevada honra e imenso prazer ter sido convidado para prefaciar o livro do admirável Promotor de Justiça e amigo Adriano Ávila. Esta obra é uma análise brilhante sobre o Direito do Consumidor e a forma como é aplicado pelo Supremo Tribunal Federal, pela ótica da teoria geral dos precedentes.

Muitos livros já foram escritos sobre Direito do Consumidor e quase todos partem de convicções pessoais de seus autores. Nada contra isso, porque a pluralidade de ideias é própria do Direito, mas para o profissional jurídico fica a dúvida sobre a melhor forma de interpretar e aplicar a Lei Consumerista. Daí advém uma série de decisões contraditórias em nosso Sistema de Justiça, o que torna insegura a solução de conflitos envolvendo relações de consumo.

A presente obra procura suprir essa lacuna com uma abordagem original do tema, porque parte dos pressupostos da coerência e previsibilidade que os precedentes do Supremo emprestam à aplicação do Código de Defesa do Consumidor.

Essa perspectiva de visualizar a questão, segundo os precedentes de nossa mais alta Corte de Justiça, permitiu que o autor trouxesse, ao lado de ensinamentos que tão bem assimilou na Promotoria de Defesa do Consumidor, contribuição original e bem estruturada, o que torna compreensíveis suas ideias e, por consequência, fluída a leitura do texto.

Não cabe ao prefaciador resumir a obra, mas não posso deixar de destacar que o advogado, o promotor, o magistrado e o estudante encontrarão neste livro uma pesquisa sólida, elaborada por um profissional que trabalha diretamente com o tema no Ministério Público.

Escrito, do início ao fim, em linguagem clara e persuasiva, mas sempre em estilo elegante, o autor revela grande riqueza doutrinária, raciocínio seguro e ordenação lógica impecável.

O que o leitor encontrará neste livro é um estudo de raros predicados intelectuais, a revelar, que seu autor é um jurista de qualidades ímpares, bem como um Promotor de Justiça de incrível sensibilidade social.

Em suma, o que se lê neste livro são páginas de fecundos ensinamentos, com trabalho jurídico de alto valor cultural e social.

Na certeza de que a obra será um sucesso, pela alta serventia teórica e prática de que se reveste, cumprimento o autor pela abordagem original do tema e pela excelência da pesquisa.

É um livro que merece ser lido.

Boa leitura a todos.

Erick Linhares
Desembargador no Tribunal de Justiça de Roraima.
Professor Doutor da Universidade Estadual de Roraima.
Foi Presidente do Fórum Nacional dos Juizados Especiais (FONAJE).

APRESENTAÇÃO

Para que aprender sobre Direito do Consumidor?

Desde a grade curricular das faculdades de Direito até a estruturação dos órgãos de poder, podemos perceber certo negligenciamento ao tema.

É comum, por exemplo, o acadêmico dos cursos jurídicos ter vários anos nas disciplinas de Direito Civil, Penal, Processual, dentre outras, mas passar não mais que um semestre estudando Direito do Consumidor.

O sistema de Justiça também repercute essa realidade, na medida em que são raras (senão inexistentes) varas especializadas na matéria consumerista.

Esses dois exemplos ilustrativos demonstram uma certa anacronia tanto da academia quanto do ambiente profissional ante a realidade contemporânea. Isso porque todos, absolutamente todos nós, estamos nos envolvendo cotidianamente em relações de consumo.

Desde as primeiras horas até o findar de cada dia, acessamos serviços e/ou produtos oferecidos no mercado de consumo. A cada evento desses, firmamos um contrato e, diante do vertiginoso volume de ocorrências, surgem incontáveis conflitos diários.

É importante destacar que, antes mesmo do fenômeno jurídico, há o fenômeno antropológico subjacente a essa realidade: desde a consolidação da sociedade de consumo em massa, o ato de consumir aparece como resposta à satisfação das ansiedades dos indivíduos.

Mais do que isso, pode-se dizer que o ato de consumir se tornou uma espécie de obrigação moral dos indivíduos para que estes possam se integrar socialmente e serem aceitos como "bem-sucedidos".

Na sociedade de consumo, a lógica que guia as relações intersubjetivas se fundamenta na ideia de que o ser humano extrai seu significado existencial do ato de consumir. É a era do *homo consumens*.

Por outro lado, diante do crescimento das relações de consumo e da complexidade das demandas inerentes a elas, os consumidores passaram a ocupar posição de extrema vulnerabilidade perante grandes grupos econômicos. Nesse contexto, o consumidor não é mais dotado de poder negocial ante tais grupos.

Combustíveis, transporte aéreo, telefonia, internet, planos de saúde, serviços bancários dentre outros setores, dão o seguinte tom para a realidade dos fatos: quanto maior o fornecedor, mais vulnerável fica o consumidor.

Procurando lidar com essa realidade, elaboramos este material, que se propõe a ser uma ferramenta prática a direcionar o leitor interessado no Direito do Consumidor. Por isso, apresentamos de forma direta os textos legais e, logo em seguida, os pronunciamentos do Supremo Tribunal Federal sobre eles.

Como se sabe, tais pronunciamentos ampliaram significativamente sua força normativa no direito brasileiro a partir do acolhimento, pelo novo Código de Processo Civil, da teoria geral dos precedentes.

Em atenção à aludida teoria, relembramos que, atualmente, há o caráter vinculativo para todos os precedentes qualificados oriundos da Corte Suprema, de modo que o operador do Direito não mais lhes pode ignorar ou negligenciar.

Por outro lado, fizemos clara opção pela concisão textual. Esta se justifica porque, em tempos de metas a serem atingidas, prazos a serem cumpridos e incontáveis disciplinas a serem concluídas, muitas vezes o que o promotor, o magistrado, o advogado ou o estudante de Direito querem (e precisam) é de um material que aponte, sem rodeios, um encaminhamento para o problema jurídico sobre o qual se debruça.

Desejamos, portanto, colaborar com o leitor, no sentido de lhe proporcionar um conteúdo conciso, porém bem fundamentado sobre os pronunciamentos do Supremo Tribunal Federal em matéria de defesa do consumidor. Esperamos atingir o êxito juntamente com nossos leitores.

O autor

CÓDIGO DE DEFESA DO CONSUMIDOR
LEI Nº 8.078, DE 11 DE SETEMBRO DE 1990

TÍTULO I
Dos Direitos do Consumidor
CAPÍTULO I
Disposições Gerais

Art. 1º O presente código estabelece normas de proteção e defesa do consumidor, de ordem pública e interesse social, nos termos dos arts. 5º, inciso XXXII, 170, inciso V, da Constituição Federal e art. 48 de suas Disposições Transitórias.

Art. 2º Consumidor é toda pessoa física ou jurídica que adquire ou utiliza produto ou serviço como destinatário final.

Parágrafo único. Equipara-se a consumidor a coletividade de pessoas, ainda que indetermináveis, que haja intervindo nas relações de consumo.

Art. 3º Fornecedor é toda pessoa física ou jurídica, pública ou privada, nacional ou estrangeira, bem como os entes despersonalizados, que desenvolvem atividade de produção, montagem, criação, construção, transformação, importação, exportação, distribuição ou comercialização de produtos ou prestação de serviços.

§1º Produto é qualquer bem, móvel ou imóvel, material ou imaterial.

§2º Serviço é qualquer atividade fornecida no mercado de consumo, mediante remuneração, inclusive as de natureza bancária, financeira, de crédito e securitária, salvo as decorrentes das relações de caráter trabalhista.

CAPÍTULO II
Da Política Nacional de Relações de Consumo

Art. 4º A Política Nacional das Relações de Consumo tem por objetivo o atendimento das necessidades dos consumidores, o respeito à sua dignidade, saúde e segurança, a proteção de seus interesses econômicos, a melhoria da sua qualidade de vida, bem como a transparência e harmonia das relações de consumo, atendidos os seguintes princípios: (Redação dada pela Lei nº 9.008, de 21.3.1995)

I – reconhecimento da vulnerabilidade do consumidor no mercado de consumo;

Em nenhuma outra circunstância podemos imaginar situação de maior vulnerabilidade para o consumidor do que encontrar-se sob alguma enfermidade.

A vulnerabilidade de uma pessoa enferma é uma realidade complexa e delicada. Quando alguém enfrenta problemas de saúde, sua fragilidade física e emocional aumenta consideravelmente. A exposição a doenças e a dependência de cuidados médicos e familiares geram, em regra, uma profunda sensação de impotência e medo.

Sobre essa questão, o STF fez um pronunciamento de extrema relevância em relação ao rol de procedimentos e eventos em saúde o qual serve de parâmetro de atenção aos pacientes de planos de saúde.

Segundo a Corte Suprema, são constitucionais os prazos para conclusão dos procedimentos administrativos de atualização do rol de procedimentos e eventos em saúde suplementar (Lei nº 9.656/1998, art. 10, §§7º e 8º), por inexistir incompatibilidade entre a sua definição e a urgência dos pacientes na obtenção de um tratamento.

O Supremo ponderou, ainda, que o formato adotado para a composição da Comissão de Atualização do Rol de Procedimentos e Eventos em Saúde Suplementar (Lei nº 9.656/1998, art. 10-D, §§1º, 2º e 4º) não fere a Constituição Federal, ante a ausência da alegada exclusão de participantes usuários de planos de saúde ou discriminação de qualquer natureza.

Justificou-se esse entendimento sob a premissa de que a exigência de que os membros indicados tenham formação que lhes permita compreender as evidências científicas apresentadas decorre da natureza técnica do procedimento de atualização do rol.

Por fim, concluíram os Ministros que a avaliação econômica contida no processo de atualização do rol pela Agência Nacional de Saúde Suplementar e a análise do impacto financeiro advindo da incorporação dos tratamentos demandados são necessárias para garantir a manutenção da sustentabilidade econômico-financeira do setor de planos de saúde.

(Sobre o tema: ADI 7088/DF e ADI 7183/DF)

II – ação governamental no sentido de proteger efetivamente o consumidor:

a) por iniciativa direta;

b) por incentivos à criação e desenvolvimento de associações representativas;

c) pela presença do Estado no mercado de consumo;

d) pela garantia dos produtos e serviços com padrões adequados de qualidade, segurança, durabilidade e desempenho.

A qualidade de combustíveis é um tema que envolve não apenas a eficiência de veículos e equipamentos, mas atinge transversalmente aspectos relativos à saúde pública e ao meio ambiente.

Como se sabe, para além do prejuízo a veículos e equipamentos, a queima de combustíveis de baixa qualidade libera poluentes atmosféricos nocivos, afetando a qualidade do ar que todos respiramos.

Nunca é demais lembrar que a defesa do consumidor também inclui o direito a um meio ambiente saudável, livre de contaminação e poluição.

Nesse sentido, é papel dos órgãos reguladores e das empresas fornecedoras de combustíveis garantirem que os produtos comercializados atendam a padrões mínimos de qualidade.

Ao tratar desse tema, o STF decidiu que é constitucional a instituição do Programa de Monitoramento da Qualidade dos Combustíveis (PMQC) por normativo da Agência Nacional do Petróleo (ANP). Para os julgadores, o ato que instituiu o programa apresenta correspondência direta com as diretrizes e os propósitos conferidos por sua lei instituidora.

Esclareceu a Corte que as normas técnicas emanadas pela Resolução nº 790/2016 da ANP – que instituiu o PMQC – inserem-se no espaço de conformação previsto no art. 8º da Lei nº 9.478/1997, que atribui à agência reguladora a implementação da política nacional de petróleo, gás natural e biocombustíveis com ênfase na proteção dos interesses dos consumidores quanto a preço, qualidade e oferta dos produtos.

(Sobre o tema: ADI 7031/DF)

III – harmonização dos interesses dos participantes das relações de consumo e compatibilização da proteção do consumidor com a necessidade de desenvolvimento econômico e tecnológico, de modo a viabilizar os princípios nos quais se funda a ordem econômica (art. 170, da Constituição Federal), sempre com base na boa-fé e equilíbrio nas relações entre consumidores e fornecedores;

O conflito de interesses entre consumidores e fornecedores é uma realidade persistente na dinâmica do mercado. Bom exemplo disso é o peso dos preços dos medicamentos sobre o orçamento das famílias, mais notadamente naquelas que têm idosos.

Uma vez que a população idosa tende a depender mais de tratamentos médicos para lidar com condições de saúde crônicas e complexas, o custo dos medicamentos pode representar uma parcela significativa de seus rendimentos fixos, como aposentadorias e pensões.

O Direito do Consumidor, por sua vez, lida com a realidade conflituosa entre consumidores e mercado através de exortações e diretrizes as quais, por terem força de lei, podem trazer uma conformação mais justa à realidade dos fatos.

O princípio da harmonização de interesses nas relações de consumo é uma dessas diretrizes.

Exemplos práticos da aplicação desse princípio podem ser vistos em medidas de incentivos à produção de medicamentos genéricos ou mesmo determinações legais de descontos específicos para certos grupos socioeconômicos ou etários (como as pessoas idosas).

Seguindo essa diretriz, foi promulgada uma lei estadual no estado do Rio de Janeiro a qual determinava descontos às pessoas idosas para aquisição de medicamentos em farmácias localizadas no respectivo estado. O objetivo da lei, como é de se presumir, seria reduzir o impacto desses custos sobre o orçamento familiar desse grupo etário, tido como hipervulnerável.

Ocorre que, dada a origem da norma – estadual, ao invés de ser federal –, a Suprema Corte entendeu ser formalmente inconstitucional referida lei.

Para os Ministros, ao determinar a concessão de desconto de até 30% nas medicações destinadas aos idosos com idade superior a 60 (sessenta) anos, a legislação estadual violaria a regulação do setor, estabelecida pelas Leis federais nºs 10.213/2001 e 10.742/2003 e pelas medidas provisórias que as antecederam.

Para a Corte, haveria invasão de competência da União para legislar sobre normas gerais de proteção e defesa da saúde, direito econômico e proteção do consumidor (art. 24, XII, da Constituição Federal).

De se ver, entretanto, que, a despeito da inconstitucionalidade da lei estadual, esta não inviabilizaria, em tese, que houvesse iniciativa de texto legal com teor similar no âmbito do Congresso Nacional.

(Sobre o tema: ADI 2435/RJ)

IV – educação e informação de fornecedores e consumidores, quanto aos seus direitos e deveres, com vistas à melhoria do mercado de consumo;

A notificação a consumidores acerca de futuros cortes de energia é uma prática essencial para garantir transparência sobre os procedimentos que possam afetar o fornecimento elétrico.

Além disso, a notificação antecipada permite que os consumidores se planejem melhor, evitando surpresas desagradáveis e possíveis prejuízos.

Nada obstante, no que tange à vistoria em medidores de energia, a praxe é que não se façam notificações prévias aos consumidores, mesmo porque uma das principais finalidades dessas rotinas é identificar eventuais fraudes ou desvios de energia. Tais vistorias, portanto, muitas vezes acabam resultando na interrupção do serviço sem que o consumidor o soubesse previamente.

Ocorre que o corte de energia sem notificação prévia viola direitos básicos do consumidor, como o direito à informação e o direito de defesa. Isso pode ser especialmente problemático em casos de cobranças indevidas ou de falhas no sistema de cobrança da concessionária.

Em razão disso, alguns estados brasileiros promulgaram leis que determinavam a obrigatoriedade de concessionárias de energia de notificarem previamente seus usuários em caso de realização de vistorias em medidores de energia.

Analisando tais leis, entretanto, o Supremo Tribunal Federal considerou serem elas inconstitucionais, por violação à competência da União para explorar os serviços e instalações de energia elétrica e para legislar sobre energia (CF/1988, arts. 21, XVII, "b"; 22, IV; e 175, parágrafo único).

Para aquela Corte, como a União é responsável pela prestação dos serviços de fornecimento de energia elétrica, também lhe compete legislar sobre o regime jurídico das autorizadas, concessionárias e permissionárias desse serviço público, bem como sobre os direitos do usuário, a política tarifária e a obrigação de manutenção da qualidade adequada do serviço.

(Sobre o tema: ADI 3.703/RJ)

V – incentivo à criação pelos fornecedores de meios eficientes de controle de qualidade e segurança de produtos e serviços, assim como de mecanismos alternativos de solução de conflitos de consumo;

VI – coibição e repressão eficientes de todos os abusos praticados no mercado de consumo, inclusive a concorrência desleal e utilização indevida de inventos e criações industriais das marcas e nomes comerciais e signos distintivos, que possam causar prejuízos aos consumidores;

VII – racionalização e melhoria dos serviços públicos;

VIII – estudo constante das modificações do mercado de consumo.

IX – fomento de ações direcionadas à educação financeira e ambiental dos consumidores; (Incluído pela Lei nº 14.181, de 2021)

X – prevenção e tratamento do superendividamento como forma de evitar a exclusão social do consumidor. (Incluído pela Lei nº 14.181, de 2021)

Art. 5º Para a execução da Política Nacional das Relações de Consumo, contará o poder público com os seguintes instrumentos, entre outros:

I – manutenção de assistência jurídica, integral e gratuita para o consumidor carente;

II – instituição de Promotorias de Justiça de Defesa do Consumidor, no âmbito do Ministério Público;

III – criação de delegacias de polícia especializadas no atendimento de consumidores vítimas de infrações penais de consumo;

IV – criação de Juizados Especiais de Pequenas Causas e Varas Especializadas para a solução de litígios de consumo;

V – concessão de estímulos à criação e desenvolvimento das Associações de Defesa do Consumidor.

VI – instituição de mecanismos de prevenção e tratamento extrajudicial e judicial do superendividamento e de proteção do consumidor pessoa natural; (Incluído pela Lei nº 14.181, de 2021)

VII – instituição de núcleos de conciliação e mediação de conflitos oriundos de superendividamento. (Incluído pela Lei nº 14.181, de 2021)

§1º (Vetado).

§2º (Vetado).

CAPÍTULO III
Dos Direitos Básicos do Consumidor

Art. 6º São direitos básicos do consumidor:

I – a proteção da vida, saúde e segurança contra os riscos provocados por práticas no fornecimento de produtos e serviços considerados perigosos ou nocivos;

A exposição crônica a agrotóxicos tem sido associada a diversos problemas de saúde, como câncer, distúrbios hormonais, problemas neurológicos e danos ao sistema imunológico.

Por conta disso, a nocividade de alimentos com agrotóxicos é uma preocupação crescente na sociedade moderna.

Em especial em um país como Brasil, o qual já recebeu o inglório título de "maior consumidor mundial de agrotóxicos" e que ainda permite alguns defensivos já banidos em outros países, é natural que exista um forte movimento de consumidores ávidos por produtos isentos desses químicos de uso agrícola, os assim chamados "produtos orgânicos".

Por outro lado, as gôndolas dos supermercados são o principal local de obtenção de tais produtos por parte dos consumidores finais, sendo estatisticamente menos frequentes as aquisições feitas diretamente dos produtores rurais.

Há, portanto, um interesse por produtos orgânicos por parte dos consumidores e, na mesma medida, uma necessidade de esclarecimento a estes últimos sobre onde encontrá-los.

Justamente por isso, há exemplos de leis estaduais determinando a supermercados ou similares a separação visual e física das gôndolas com produtos orgânicos, como uma forma de garantir ao consumidor sua clara visualização.

Ao analisar tal obrigatoriedade, o Supremo Tribunal Federal julgou ser constitucional norma estadual que disponha sobre a exposição de produtos orgânicos em estabelecimentos comerciais.

Para a Corte Suprema, a matéria está inserida na competência concorrente da União, dos estados e do Distrito Federal no que tange à defesa do consumidor. Assim sendo, concluíram os Ministros que não estaria caracterizada qualquer violação à livre iniciativa, mas, ao contrário, a norma promoveria o efetivo cumprimento do dever de informar o consumidor.

(Sobre o tema: ADI 5166/SP)

II – a educação e divulgação sobre o consumo adequado dos produtos e serviços, asseguradas a liberdade de escolha e a igualdade nas contratações;

III – a informação adequada e clara sobre os diferentes produtos e serviços, com especificação correta de quantidade, características, composição, qualidade, tributos incidentes e preço, bem como sobre os riscos que apresentem; (Redação dada pela Lei nº 12.741, de 2012) Vigência

---

O acesso à informação é um direito básico dos consumidores, sendo de especial relevância no serviço de internet. Com a inquestionável relevância desse serviço no cotidiano das pessoas, é essencial que estas tenham acesso a informações claras, precisas e transparentes sobre os serviços contratados.

Os vícios na velocidade de internet são, por sua vez, uma situação recorrente e frustrante para muitos usuários. É comum provedores de internet prometerem velocidades de conexão elevadas, porém, na prática, os consumidores se depararem com um desempenho inferior ao esperado.

Os impactos dos vícios na velocidade de internet são significativos. O acesso lento à rede prejudica atividades diárias dos usuários individuais, mas, para além dos prejuízos domésticos, a baixa velocidade impacta severamente o ambiente empresarial, atrasando operações, afetando negativamente o atendimento a clientes, ocasionando prejuízos financeiros e desvantagens competitivas.

Nesse contexto, órgãos reguladores desempenham um papel importante em proteger os direitos dos consumidores e garantir que as empresas cumpram as normas estabelecidas; porém, nada pode ser mais eficaz do que oferecer aos próprios usuários ferramentas pelas quais eles mesmos possam aferir a qualidade do serviço ofertado.

Por conta disso, o Supremo Tribunal Federal analisou uma lei estadual que estabelecia a obrigação de empresas prestadores de serviço de internet pós-paga a apresentarem, na fatura mensal, gráficos sobre o registro médio diário de entrega da velocidade de recebimento e envio de dados.

Para a Corte, leis dessa natureza são constitucionais, posto que normas sobre direito do consumidor admitem regulamentação concorrente pelos estados-membros, nos termos do art. 24, V, da Constituição Federal.

Esclareceu-se no julgamento que o dever de trazer a representação da velocidade de internet por meio de gráficos não diz respeito a matéria específica de contratos de telecomunicações (CF, art. 22, IV), tendo em vista que tal serviço não se enquadra em nenhuma atividade de telecomunicações definida pelas Leis nºs 4.117/1962 e 9.472/1997.

Ademais, foi reforçado que a intervenção estatal no domínio econômico para defesa do consumidor é legítima e tem fundamento na CF (art. 170, V), de modo que o princípio da livre iniciativa não poderia ser invocado para afastar regras de regulamentação do mercado e de defesa do consumidor.

(Sobre o tema: ADI 6893/ES)

IV – a proteção contra a publicidade enganosa e abusiva, métodos comerciais coercitivos ou desleais, bem como contra práticas e cláusulas abusivas ou impostas no fornecimento de produtos e serviços;

V – a modificação das cláusulas contratuais que estabeleçam prestações desproporcionais ou sua revisão em razão de fatos supervenientes que as tornem excessivamente onerosas;

VI – a efetiva prevenção e reparação de danos patrimoniais e morais, individuais, coletivos e difusos;

VII – o acesso aos órgãos judiciários e administrativos com vistas à prevenção ou reparação de danos patrimoniais e morais, individuais, coletivos ou difusos, assegurada a proteção Jurídica, administrativa e técnica aos necessitados;

VIII – a facilitação da defesa de seus direitos, inclusive com a inversão do ônus da prova, a seu favor, no processo civil, quando, a critério do juiz, for verossímil a alegação ou quando for ele hipossuficiente, segundo as regras ordinárias de experiências;

IX – (Vetado);

X – a adequada e eficaz prestação dos serviços públicos em geral.

A pandemia de COVID-19 trouxe consequências devastadoras não apenas no âmbito da saúde, mas também nas finanças pessoais dos consumidores.

Por conta disso, entre as vítimas da COVID-19 incluem-se não apenas aqueles que perderam a batalha contra o vírus, mas também os que sobreviveram à doença, mas passaram a enfrentar a repercussão financeira desse agravo.

Muitos trabalhadores perderam seus empregos ou fontes de renda devido ao fechamento de empresas e à desaceleração econômica. Pequenos empresários viram seus empreendimentos ruírem, incapazes de sustentar suas operações em meio às restrições e incertezas.

Essa realidade levou a um aumento significativo no endividamento das famílias. Muitos foram forçados a recorrer a empréstimos e limites de cartões de crédito para lidar com as despesas básicas e emergenciais. No entanto, com a redução ou perda total de suas fontes de renda, o pagamento dessas dívidas tornou-se uma tarefa impossível.

Para lidar com essa crise, algumas medidas foram adotadas por estados federados, no sentido de se garantirem aos endividados os serviços públicos mínimos e essenciais à sua subsistência.

Foi nesse sentido que surgiram leis em alguns estados federados proibindo a suspensão do serviço de energia elétrica no período pandêmico, ainda que constatada a falta de pagamento pelo serviço.

Questionada a validade de tais leis, o Supremo Tribunal Federal entendeu serem constitucionais as normas estaduais, editadas em razão da pandemia causada pelo novo Coronavírus, pelas quais foi veiculada a proibição de suspensão do fornecimento do serviço de energia elétrica, o modo de cobrança, a forma de pagamentos dos débitos e a exigibilidade de multa e juros moratórios.

Inobstante a solução extrema oferecida por tais normas – criando uma espécie de moratória compulsória em detrimento das concessionárias de energia –, a Corte afirmou não se constatar que a determinação pudesse gerar desequilíbrio contratual ou afetar políticas tarifárias.

Ressaltaram os ministros que as medidas impostas seriam excepcionais e transitórias, limitadas ao tempo da vigência dos planos de contingência adotados em decorrência da pandemia de COVID-19, motivo pelo qual não inviabilizariam a operação das concessionárias.

(Sobre o tema: ADI 6432/RR; ADI 6588/AM)

XI – a garantia de práticas de crédito responsável, de educação financeira e de prevenção e tratamento de situações de superendividamento, preservado o mínimo existencial, nos termos da regulamentação, por meio da revisão e da repactuação da dívida, entre outras medidas; (Incluído pela Lei nº 14.181, de 2021)

A contratação remota de empréstimos tem se tornado uma prática cada vez mais comum. Essa modalidade de contratação, inobstante possa trazer certa conveniência ao consumidor, propicia um risco: ao realizar contratações não presenciais, os consumidores podem não ter a oportunidade de obter esclarecimentos sobre aspectos complexos dos contratos.

Termos e condições importantes dos contratos podem passar despercebidos e os mutuários podem se comprometer com cláusulas desvantajosas, como taxas de juros ocultas ou penalidades abusivas em caso de atraso no pagamento.

O fato é que esse novo formato de contratação pode levar consumidores em geral a decisões financeiras mal informadas e, consequentemente, ao endividamento excessivo. Há, entretanto, um grupo de consumidores particularmente vulnerável a essa nova realidade, a saber, as pessoas idosas.

A falta de conhecimento sobre questões financeiras modernas, a falta de domínio de ferramentas virtuais e a ampla facilidade de acesso ao crédito têm levado idosos a comprometerem suas economias sem plena consciência das consequências. Além disso, os frequentes golpes financeiros direcionados a essa faixa etária representam outra ameaça constante.

Atentos a essa realidade, o estado da Paraíba tomou a iniciativa de criar lei por meio da qual passou a ser exigida a assinatura física de idosos em quaisquer contratos de operação de crédito.

Ao analisar aludida lei, o Supremo Tribunal Federal entendeu pela sua constitucionalidade, haja vista a competência suplementar dos estados federados para dispor sobre proteção do consumidor (CF/1988, art. 24, V e §2º).

Para a Corte Suprema, não se vislumbraria ofensa à competência privativa da União para legislar sobre Direito Civil e política de crédito (CF/1988, arts. 21, VIII; e 22, I e VII), uma vez que a lei estadual impugnada não interferia no objeto do contrato pactuado.

Segundo o entendimento dos Ministros, a norma apenas se destinaria a garantir o direito à informação dos consumidores idosos, bem como a assegurar seu consentimento informado. Reforçaram os julgadores que o legislador local se limitou a resguardar o idoso, prevenindo-o de fraudes que possam prejudicar o seu patrimônio.

(Sobre o tema: ADI 7.027/PB)

XII – a preservação do mínimo existencial, nos termos da regulamentação, na repactuação de dívidas e na concessão de crédito; (Incluído pela Lei nº 14.181, de 2021)

XIII – a informação acerca dos preços dos produtos por unidade de medida, tal como por quilo, por litro, por metro ou por outra unidade, conforme o caso. (Incluído pela Lei nº 14.181, de 2021)

Parágrafo único. A informação de que trata o inciso III do *caput* deste artigo deve ser acessível à pessoa com deficiência, observado o disposto em regulamento. (Incluído pela Lei nº 13.146, de 2015) (Vigência)

Garantir a inclusão e a dignidade de pessoas com deficiência é um imperativo moral e legal, e cabe ao Estado, às empresas e à sociedade como um todo, promover medidas efetivas para assegurar que seus direitos sejam respeitados.

As pessoas com deficiência enfrentam inúmeros desafios diários, e suas experiências no mercado de consumo não são exceção. Desde o momento da compra até o pós-venda, questões como acessibilidade, informações claras, produtos e serviços adequados, e atendimento respeitoso devem ser levadas em consideração para que esses consumidores possam usufruir plenamente de seus direitos.

Fato é que as pessoas com deficiência têm o direito de receber informações sobre produtos e serviços de forma acessível, seja por meio de informações em braile, vídeos com interpretação em Libras (Língua Brasileira de Sinais) ou conteúdo em formatos digitais adaptados para leitores de tela.

Em vista disso, promulgou-se lei no estado do Piauí por meio da qual se tornou obrigatório colocar etiquetas em braile nas peças de vestuário.

Submetida tal lei ao crivo da Corte Suprema, esta decidiu por sua constitucionalidade, pois entendeu que não violava os princípios da livre iniciativa (CF/1988, arts. 1º, IV; e 170, *caput*), da livre concorrência (CF/1988, art. 170, IV), da propriedade privada (CF/1988, art. 170, II) e da isonomia (CF/1988, arts. 5º, "caput"; e 19, III), tampouco invadira a competência privativa da União para legislar sobre comércio interestadual (CF/1988, art. 22, VIII).

Esclareceram os julgadores que os princípios da livre concorrência e da livre iniciativa possuem natureza instrumental, de modo que configuram meio para consecução de outros objetivos.

Nesse contexto, o estado, no exercício legítimo da normatização, regulamentação e fiscalização da atividade econômica, poderia editar diploma legal voltado à implementação dos objetivos fundamentais da República (CF/1988, art. 3º, I, III e IV), à garantia da existência digna de todos – conforme os ditames da justiça social (CF/1988, art. 170, *caput*) –, e à promoção da dignidade da pessoa humana (CF/1988, art. 1º, III), especialmente das pessoas com deficiência.

(Sobre o tema: ADI 6.989/PI)

Art. 7º Os direitos previstos neste código não excluem outros decorrentes de tratados ou convenções internacionais de que o Brasil seja signatário, da legislação interna ordinária, de regulamentos expedidos pelas autoridades administrativas competentes, bem como dos que derivem dos princípios gerais do direito, analogia, costumes e eqüidade.

Parágrafo único. Tendo mais de um autor a ofensa, todos responderão solidariamente pela reparação dos danos previstos nas normas de consumo.

CAPÍTULO IV
Da Qualidade de Produtos e Serviços, da Prevenção e da Reparação dos Danos

SEÇÃO I
Da Proteção à Saúde e Segurança

Art. 8º Os produtos e serviços colocados no mercado de consumo não acarretarão riscos à saúde ou segurança dos consumidores, exceto os considerados normais e previsíveis em decorrência de sua natureza e fruição, obrigando-se os fornecedores, em qualquer hipótese, a dar as informações necessárias e adequadas a seu respeito.

O Direito do Consumidor e o Direito Ambiental são duas áreas que, à primeira vista, podem parecer distintas, com objetivos diferentes. O Direito do Consumidor concentra-se na proteção dos interesses e direitos dos consumidores em suas relações de consumo, enquanto o Direito Ambiental busca a preservação e proteção do meio ambiente. No entanto, ao aprofundarmos o estudo dessas áreas, torna-se evidente que elas estão interligadas, havendo transversalidade.

A **responsabilidade compartilhada** é um exemplo de convergência entre essas duas áreas do Direito. Enquanto as empresas têm a responsabilidade de fornecer produtos e serviços que sejam seguros para o consumidor e que respeitem o meio ambiente, os consumidores, por sua vez, devem fazer escolhas conscientes e sustentáveis em suas decisões de consumo.

O regime de **responsabilidade civil** objetiva é outro ponto importante de interseção entre essas duas áreas do Direito. Do mesmo modo que o Direito do Consumidor estabelece que a culpa do fornecedor não precisa ser comprovada no caso de danos oriundos das relações de consumo, o Direito Ambiental também dispensa tal prova para responsabilizar o poluidor.

É nesse contexto que se pode entender o julgado do Supremo Tribunal Federal que analisou a constitucionalidade de uma lei estadual que proibiu a pulverização aérea de agrotóxicos.

Para a Suprema Corte, é constitucional – por representar norma mais protetiva à saúde e ao meio ambiente do que as diretrizes gerais da legislação federal, bem como estabelecer restrição razoável e proporcional às técnicas de aplicação de pesticidas – norma estadual que veda a pulverização aérea de agrotóxicos na agricultura local e sujeita o infrator ao pagamento de multa.

Reafirmou-se no julgado que a jurisprudência pacífica da Corte era no sentido de que a proteção do meio ambiente e a defesa da saúde são matérias de competência concorrente da União, dos estados e do Distrito Federal (CF/1988, arts. 23, II e VI; e 24, VI e XII).

Sob tais diretrizes, ponderou a Corte que a livre iniciativa não impede a regulamentação das atividades econômicas pelo Estado, notadamente quando ela se mostrar indispensável ao resguardo de outros valores constitucionais.

(Sobre o tema: ADI 6.137/CE)

---

§1º Em se tratando de produto industrial, ao fabricante cabe prestar as informações a que se refere este artigo, através de impressos apropriados que devam acompanhar o produto. (Redação dada pela Lei nº 13.486, de 2017)

§2º O fornecedor deverá higienizar os equipamentos e utensílios utilizados no fornecimento de produtos ou serviços, ou colocados à disposição do consumidor, e informar, de maneira ostensiva e adequada, quando for o caso, sobre o risco de contaminação. (Incluído pela Lei nº 13.486, de 2017)

Art. 9º O fornecedor de produtos e serviços potencialmente nocivos ou perigosos à saúde ou segurança deverá informar, de maneira ostensiva e adequada, a respeito da sua nocividade ou periculosidade, sem prejuízo da adoção de outras medidas cabíveis em cada caso concreto.

Art. 10. O fornecedor não poderá colocar no mercado de consumo produto ou serviço que sabe ou deveria saber apresentar alto grau de nocividade ou periculosidade à saúde ou segurança.

É indene de dúvidas que a educação desempenha um papel essencial na formação dos indivíduos, com especial relevo ao ensino proporcionado a crianças. É milenar a advertência advinda da sabedoria universal: "Ensina a criança no *caminho* em *que deve andar*, e, ainda quando for velho, não se desviará dele."

Por outro lado, sabe-se que os brinquedos, além de proporcionarem diversão, podem ser utilizados de forma estratégica para ensinar valores (sejam eles quais forem) desde a infância.

Nesse contexto, os brinquedos surgem como uma ferramenta pedagógica poderosa, a qual pode estabelecer bases sólidas para a criação de uma cultura para a paz, ou, ao contrário disso, fomentar uma ideologia de violência.

Assim sendo, ao promover o uso de brinquedos que incentivem a cooperação, a empatia e a resolução amistosa de conflitos, podem-se educar gerações para um mundo mais pacífico no futuro. No sentido contrário, a lógica também é verdadeira: brinquedos que incentivem a violência têm grande potencial para fomentar um cultura de confronto.

É nesse contexto que podemos refletir sobre lei do estado de São Paulo que proibiu a fabricação, venda e comercialização de armas de brinquedo.

Quando foi desafiado a analisar referida lei, o Supremo Tribunal Federal concluiu pela sua constitucionalidade.

Segundo os Ministros, a norma impugnada não usurparia a competência privativa da União para legislar sobre direito penal (CF/1988, art. 22, I), tampouco sobre material bélico (CF/1988, art. 21, VI, e 22, XXI). Ao contrário, ela disporia sobre matéria afeta ao direito do consumidor e à proteção à infância e à juventude, inserindo-se, portanto, no âmbito da competência concorrente das unidades da Federação (CF/1988, art. 24, V, VIII e XV, e art. 227).

Além disso, decidiu a Corte que não usurparia a competência privativa do chefe do Poder Executivo a lei que, embora crie despesa para a Administração Pública, não trata da sua estrutura ou da atribuição de seus órgãos nem do regime jurídico de servidores públicos.

Vale dizer, mesmo que atribua a responsabilidade de fiscalização da lei ao Poder Executivo, bem como de realização de propaganda sobre seu conteúdo, a sua iniciativa não seria privativa do Governador de Estado; sendo, portanto, constitucional a norma.

(Sobre o tema: ADI 5.126/SP)

§1º O fornecedor de produtos e serviços que, posteriormente à sua introdução no mercado de consumo, tiver conhecimento da periculosidade que apresentem, deverá comunicar o fato imediatamente às autoridades competentes e aos consumidores, mediante anúncios publicitários.

§2º Os anúncios publicitários a que se refere o parágrafo anterior serão veiculados na imprensa, rádio e televisão, às expensas do fornecedor do produto ou serviço.

§3º Sempre que tiverem conhecimento de periculosidade de produtos ou serviços à saúde ou segurança dos consumidores, a União, os Estados, o Distrito Federal e os Municípios deverão informá-los a respeito.

Art. 11. (Vetado).

SEÇÃO II
Da Responsabilidade pelo Fato do Produto e do Serviço

Art. 12. O fabricante, o produtor, o construtor, nacional ou estrangeiro, e o importador respondem, independentemente da existência de culpa, pela reparação dos danos causados aos consumidores por defeitos decorrentes de projeto, fabricação, construção, montagem, fórmulas, manipulação, apresentação ou acondicionamento de seus produtos, bem como por informações insuficientes ou inadequadas sobre sua utilização e riscos.

§1º O produto é defeituoso quando não oferece a segurança que dele legitimamente se espera, levando-se em consideração as circunstâncias relevantes, entre as quais:

I – sua apresentação;

II – o uso e os riscos que razoavelmente dele se esperam;

III – a época em que foi colocado em circulação.

§2º O produto não é considerado defeituoso pelo fato de outro de melhor qualidade ter sido colocado no mercado.

§3º O fabricante, o construtor, o produtor ou importador só não será responsabilizado quando provar:

I – que não colocou o produto no mercado;

II – que, embora haja colocado o produto no mercado, o defeito inexiste;

III – a culpa exclusiva do consumidor ou de terceiro.

Art. 13. O comerciante é igualmente responsável, nos termos do artigo anterior, quando:

I – o fabricante, o construtor, o produtor ou o importador não puderem ser identificados;

II – o produto for fornecido sem identificação clara do seu fabricante, produtor, construtor ou importador;

III – não conservar adequadamente os produtos perecíveis.

Parágrafo único. Aquele que efetivar o pagamento ao prejudicado poderá exercer o direito de regresso contra os demais responsáveis, segundo sua participação na causação do evento danoso.

Art. 14. O fornecedor de serviços responde, independentemente da existência de culpa, pela reparação dos danos causados aos consumidores por defeitos relativos à prestação dos serviços, bem como por informações insuficientes ou inadequadas sobre sua fruição e riscos.

§1º O serviço é defeituoso quando não fornece a segurança que o consumidor dele pode esperar, levando-se em consideração as circunstâncias relevantes, entre as quais:

I – o modo de seu fornecimento;

II – o resultado e os riscos que razoavelmente dele se esperam;

III – a época em que foi fornecido.

§2º O serviço não é considerado defeituoso pela adoção de novas técnicas.

§3º O fornecedor de serviços só não será responsabilizado quando provar:

I – que, tendo prestado o serviço, o defeito inexiste;

II – a culpa exclusiva do consumidor ou de terceiro.

§4º A responsabilidade pessoal dos profissionais liberais será apurada mediante a verificação de culpa.

Art. 15. (Vetado).

Art. 16. (Vetado).

Art. 17. Para os efeitos desta Seção, equiparam-se aos consumidores todas as vítimas do evento.

SEÇÃO III

Da Responsabilidade por Vício do Produto e do Serviço

Art. 18. Os fornecedores de produtos de consumo duráveis ou não duráveis respondem solidariamente pelos vícios de qualidade ou quantidade que os tornem impróprios ou inadequados ao consumo a que se destinam ou lhes diminuam o valor, assim como por aqueles decorrentes da disparidade, com a indicações constantes do recipiente, da embalagem, rotulagem ou mensagem publicitária, respeitadas as variações decorrentes de sua natureza, podendo o consumidor exigir a substituição das partes viciadas.

§1º Não sendo o vício sanado no prazo máximo de trinta dias, pode o consumidor exigir, alternativamente e à sua escolha:

I – a substituição do produto por outro da mesma espécie, em perfeitas condições de uso;

II – a restituição imediata da quantia paga, monetariamente atualizada, sem prejuízo de eventuais perdas e danos;

III – o abatimento proporcional do preço.

§2º Poderão as partes convencionar a redução ou ampliação do prazo previsto no parágrafo anterior, não podendo ser inferior a sete nem superior a cento e oitenta dias. Nos contratos de adesão, a cláusula de prazo deverá ser convencionada em separado, por meio de manifestação expressa do consumidor.

§3º O consumidor poderá fazer uso imediato das alternativas do §1º deste artigo sempre que, em razão da extensão do vício, a substituição das partes viciadas puder comprometer a qualidade ou características do produto, diminuir-lhe o valor ou se tratar de produto essencial.

§4º Tendo o consumidor optado pela alternativa do inciso I do §1º deste artigo, e não sendo possível a substituição do bem, poderá haver substituição por outro de espécie, marca ou modelo diversos, mediante complementação ou restituição de eventual diferença de preço, sem prejuízo do disposto nos incisos II e III do §1º deste artigo.

§5º No caso de fornecimento de produtos in natura, será responsável perante o consumidor o fornecedor imediato, exceto quando identificado claramente seu produtor.

§6º São impróprios ao uso e consumo:

I – os produtos cujos prazos de validade estejam vencidos;

II – os produtos deteriorados, alterados, adulterados, avariados, falsificados, corrompidos, fraudados, nocivos à vida ou à saúde, perigosos ou, ainda, aqueles em desacordo com as normas regulamentares de fabricação, distribuição ou apresentação;

III – os produtos que, por qualquer motivo, se revelem inadequados ao fim a que se destinam.

Art. 19. Os fornecedores respondem solidariamente pelos vícios de quantidade do produto sempre que, respeitadas as variações decorrentes de sua natureza, seu conteúdo líquido for inferior às indicações constantes do recipiente, da embalagem, rotulagem ou de mensagem publicitária, podendo o consumidor exigir, alternativamente e à sua escolha:

I – o abatimento proporcional do preço;

II – complementação do peso ou medida;

III – a substituição do produto por outro da mesma espécie, marca ou modelo, sem os aludidos vícios;

IV – a restituição imediata da quantia paga, monetariamente atualizada, sem prejuízo de eventuais perdas e danos.

§1º Aplica-se a este artigo o disposto no §4º do artigo anterior.

§2º O fornecedor imediato será responsável quando fizer a pesagem ou a medição e o instrumento utilizado não estiver aferido segundo os padrões oficiais.

Art. 20. O fornecedor de serviços responde pelos vícios de qualidade que os tornem impróprios ao consumo ou lhes diminuam o valor, assim como por aqueles decorrentes da disparidade com as indicações constantes da oferta ou mensagem publicitária, podendo o consumidor exigir, alternativamente e à sua escolha:

I – a reexecução dos serviços, sem custo adicional e quando cabível;

II – a restituição imediata da quantia paga, monetariamente atualizada, sem prejuízo de eventuais perdas e danos;

III – o abatimento proporcional do preço.

§1º A reexecução dos serviços poderá ser confiada a terceiros devidamente capacitados, por conta e risco do fornecedor.

§2º São impróprios os serviços que se mostrem inadequados para os fins que razoavelmente deles se esperam, bem como aqueles que não atendam as normas regulamentares de prestabilidade.

Art. 21. No fornecimento de serviços que tenham por objetivo a reparação de qualquer produto considerar-se-á implícita a obrigação do fornecedor de empregar componentes de reposição originais adequados e novos, ou que mantenham as especificações técnicas do fabricante, salvo, quanto a estes últimos, autorização em contrário do consumidor.

Art. 22. Os órgãos públicos, por si ou suas empresas, concessionárias, permissionárias ou sob qualquer outra forma de empreendimento, são obrigados a fornecer serviços adequados, eficientes, seguros e, quanto aos essenciais, contínuos.

Os impactos negativos de inundações em áreas habitadas são variados e incluem danos materiais, perdas econômicas, problemas ambientais e sociais.

Por outro lado, o regime de enchentes dos rios brasileiros é caracterizado por uma considerável variabilidade, com períodos de cheias e vazantes que podem ocorrer em diferentes épocas do ano e com intensidades distintas.

Essa imprevisibilidade representa um desafio significativo para a gestão pública, uma vez que interfere diretamente na segurança de munícipes e na economia local, além de outros agravos.

Mesmo assim, algumas iniciativas estaduais para lidar com esse complexo de questões não foram acolhidas pela Corte Suprema.

Quando da análise da constitucionalidade de lei estadual que concedia isenção total de tarifas de energia, água e esgoto para consumidores atingidos por enchentes no estado de Minas Gerais, o Supremo Tribunal Federal entendeu ser inválida a norma.

O principal fundamento para o reconhecimento da inconstitucionalidade foi a invasão de competência exclusiva do município para legislar sobre assuntos de interesse local (CF/1988, art. 30, I e V).

Em reforço, apontou a Corte que, segundo as diretrizes nacionais para o saneamento básico, fixadas pela Lei nº 11.445/2007 e atualizadas pela Lei do Novo Marco do Saneamento Básico (Lei nº 14.026/2020), compete aos municípios a gestão dos assuntos de interesse local e a edição de leis que digam respeito a esses temas.

Enfatizou o julgado que lei estadual que atribui ao Poder Executivo estadual a faculdade de isentar o pagamento de tarifas de saneamento básico incorre em violação aos arts. 23, IX; 21, XX e 30, I e V da Constituição Federal.

(Sobre o tema: ADI 6912/MG)

Parágrafo único. Nos casos de descumprimento, total ou parcial, das obrigações referidas neste artigo, serão as pessoas jurídicas compelidas a cumpri-las e a reparar os danos causados, na forma prevista neste código.

Art. 23. A ignorância do fornecedor sobre os vícios de qualidade por inadequação dos produtos e serviços não o exime de responsabilidade.

Art. 24. A garantia legal de adequação do produto ou serviço independe de termo expresso, vedada a exoneração contratual do fornecedor.

Art. 25. É vedada a estipulação contratual de cláusula que impossibilite, exonere ou atenue a obrigação de indenizar prevista nesta e nas seções anteriores.

§1º Havendo mais de um responsável pela causação do dano, todos responderão solidariamente pela reparação prevista nesta e nas seções anteriores.

§2º Sendo o dano causado por componente ou peça incorporada ao produto ou serviço, são responsáveis solidários seu fabricante, construtor ou importador e o que realizou a incorporação.

SEÇÃO IV

Da Decadência e da Prescrição

Art. 26. O direito de reclamar pelos vícios aparentes ou de fácil constatação caduca em:

I – trinta dias, tratando-se de fornecimento de serviço e de produtos não duráveis;

II – noventa dias, tratando-se de fornecimento de serviço e de produtos duráveis.

§1º Inicia-se a contagem do prazo decadencial a partir da entrega efetiva do produto ou do término da execução dos serviços.

§2º Obstam a decadência:

I – a reclamação comprovadamente formulada pelo consumidor perante o fornecedor de produtos e serviços até a resposta negativa correspondente, que deve ser transmitida de forma inequívoca;

II – (Vetado).

III – a instauração de inquérito civil, até seu encerramento.

§3º Tratando-se de vício oculto, o prazo decadencial inicia-se no momento em que ficar evidenciado o defeito.

Art. 27. Prescreve em cinco anos a pretensão à reparação pelos danos causados por fato do produto ou do serviço prevista na Seção II deste Capítulo, iniciando-se a contagem do prazo a partir do conhecimento do dano e de sua autoria.

Parágrafo único. (Vetado).

SEÇÃO V
Da Desconsideração da Personalidade Jurídica

Art. 28. O juiz poderá desconsiderar a personalidade jurídica da sociedade quando, em detrimento do consumidor, houver abuso de direito, excesso de poder, infração da lei, fato ou ato ilícito ou violação dos estatutos ou contrato social. A desconsideração também será efetivada quando houver falência, estado de insolvência, encerramento ou inatividade da pessoa jurídica provocados por má administração.

§1º (Vetado).

§2º As sociedades integrantes dos grupos societários e as sociedades controladas, são subsidiariamente responsáveis pelas obrigações decorrentes deste código.

§3º As sociedades consorciadas são solidariamente responsáveis pelas obrigações decorrentes deste código.

§4º As sociedades coligadas só responderão por culpa.

§5º Também poderá ser desconsiderada a pessoa jurídica sempre que sua personalidade for, de alguma forma, obstáculo ao ressarcimento de prejuízos causados aos consumidores.

CAPÍTULO V

Das Práticas Comerciais

SEÇÃO I

Das Disposições Gerais

Art. 29. Para os fins deste Capítulo e do seguinte, equiparam-se aos consumidores todas as pessoas determináveis ou não, expostas às práticas nele previstas.

SEÇÃO II

Da Oferta

Art. 30. Toda informação ou publicidade, suficientemente precisa, veiculada por qualquer forma ou meio de comunicação com relação a produtos e serviços oferecidos ou apresentados, obriga o fornecedor que a fizer veicular ou dela se utilizar e integra o contrato que vier a ser celebrado.

Ao enumerar os direitos básicos do consumidor, o Código de Defesa do Consumidor elencou, em seu artigo 6º, diversas prescrições, dentre as quais se pode mencionar o resguardo à igualdade nas contratações (artigo 6º, inciso II).

Sobre o aludido dispositivo, Flávio Tartuce ensina que "de acordo com a norma do inciso II, do CDC, fica estabelecido o compromisso de tratamento igual a todos os consumidores, consagrada na igualdade nas contratações",[1] extraindo, portanto, desse excerto legal o princípio da equivalência negocial.

A despeito do CDC, não são raras as situações em que consumidores são tratados de maneira diferenciada, recebendo vantagens ou desvantagens não justificadas por suas características ou comportamentos.

---

[1] TARTUCE, Flávio, NEVES, Daniel Amorim. *Manual de Direito do Consumidor*. 8. ed. Rio de Janeiro: Forense; São Paulo: Método, 2019, p. 49.

Uma das formas mais comuns de tratamento desigual é a discriminação de preços, por meio da qual alguns consumidores pagam mais por um produto ou serviço em comparação com outros, sem uma razão objetiva.

Como se sabe, a oferta de benefícios e descontos é uma estratégia comprovadamente apta a atrair e fidelizar novos consumidores; todavia, tais vantagens, em regra, são dirigidas exclusivamente a clientes novos, preterindo-se os antigos.

Devido a tal realidade, há exemplos de leis estaduais as quais, no mister de garantir a igualdade entre consumidores, entenderam apropriado fixar a obrigação às empresas de estenderem a clientes antigos as mesmas promoções e benefícios oferecidos a clientes novos.

Ocorre que, ao analisar tais leis, entendeu a Corte Suprema ser inconstitucional lei estadual que imponha aos prestadores privados de serviços de ensino e de telefonia celular a obrigação de estender o benefício de novas promoções aos clientes preexistentes.

Para os Ministros, ao impor aos prestadores de serviços de ensino a obrigação de estender o benefício de novas promoções aos clientes preexistentes, a norma promove ingerência em relações contratuais já estabelecidas sem que exista conduta lesiva ou abusiva por parte do prestador, o que redundaria em usurpação da competência legislativa da União para tratar de Direito Civil.

Outrossim, relativamente às concessionárias de serviços telefônicos móveis, a criação de obrigações e sanções por lei estadual – no caso, extensão aos clientes antigos de promoções ofertadas a novos –, ainda que sob o argumento de proteger os direitos do consumidor, também invadiria a competência da União.

(Sobre o tema: ADI 5399/SP; ADI 6191/SP e ADI 6333 ED/PE)

Art. 31. A oferta e apresentação de produtos ou serviços devem assegurar informações corretas, claras, precisas, ostensivas e em língua portuguesa sobre suas características, qualidades, quantidade, composição, preço, garantia, prazos de validade e origem, entre outros dados, bem como sobre os riscos que apresentam à saúde e segurança dos consumidores.

Com o avanço da tecnologia e a chegada da era digital, novos desafios surgiram na defesa do consumidor. A internet e as redes sociais oferecem um vasto espaço para publicidade e *marketing*, muitas vezes obscurecendo a linha entre conteúdo informativo e propagandístico.

Nesse contexto, o princípio da informação ganha especial importância, uma vez que os consumidores precisam ser capazes de distinguir informações relevantes e confiáveis em contraposição àquelas que são meramente estratégias de persuasão.

Ocorre que a aplicação do princípio da informação no setor de tecnologia é especialmente crítico, pois aludida área envolve aspectos técnicos de alta complexidade, extrapolando no mais das vezes os saberes do cidadão médio, de modo a aprofundar a vulnerabilidade informacional dos consumidores.

Portanto, leis que venham a amenizar referida vulnerabilidade podem ter importante papel no reequilíbrio de forças entre os participantes das relações de consumo.

Pode ser mencionado como exemplo de lei dessa natureza um texto legal promulgado no estado do Piauí por meio do qual se criou a obrigação de as operadoras de telefonia móvel e fixa disponibilizarem, em portal da "internet", extrato detalhado das chamadas telefônicas e serviços utilizados na modalidade de planos "pré-pagos".

A constitucionalidade da referida norma foi confirmada pelo Supremo Tribunal Federal, sob o argumento principal de que ela não adentrou a competência privativa da União para legislar sobre telecomunicação.

Entenderam os Ministros que, ao obrigar que fornecedores de serviço de telefonia fixa e móvel demonstrem a verdadeira correspondência entre os serviços utilizados e os respectivos valores cobrados, a lei buscou apenas dar uma maior proteção ao direito à informação do consumidor e torná-lo mais efetivo, permitindo um maior controle dos serviços contratados.

Devido a tal finalidade, a matéria tratada na lei seria de direito consumerista, incluindo-se, portanto, na competência concorrente atribuída à União, Estados e Distrito Federal.

(Sobre o tema: ADI 5724/PI)

Parágrafo único. As informações de que trata este artigo, nos produtos refrigerados oferecidos ao consumidor, serão gravadas de forma indelével. (Incluído pela Lei nº 11.989, de 2009)

Art. 32. Os fabricantes e importadores deverão assegurar a oferta de componentes e peças de reposição enquanto não cessar a fabricação ou importação do produto.

Parágrafo único. Cessadas a produção ou importação, a oferta deverá ser mantida por período razoável de tempo, na forma da lei.

Art. 33. Em caso de oferta ou venda por telefone ou reembolso postal, deve constar o nome do fabricante e endereço na embalagem, publicidade e em todos os impressos utilizados na transação comercial.

Parágrafo único. É proibida a publicidade de bens e serviços por telefone, quando a chamada for onerosa ao consumidor que a origina. (Incluído pela Lei nº 11.800, de 2008).

O avanço tecnológico, a crescente demanda por comodidade e a necessidade de redução de custos operacionais têm conduzido gradualmente ao fim do atendimento presencial a consumidores.

A adoção de plataformas digitais e sistemas automatizados é a principal tendência. *Chatbots*, inteligência artificial e atendimento por telefone ou *e-mail* têm se tornado o novo padrão.

Referido quadro, entretanto, nem sempre se volta aos interesses dos consumidores, no que tange à efetividade e satisfação na solução de eventuais problemas resultantes de vícios nos produtos e serviços contratados.

A transição do atendimento presencial para o atendimento remoto gerou inúmeros inconvenientes para os consumidores. Respostas padronizadas, tempo de espera excessivo, falhas ou instabilidades nos sistemas de atendimento e limitações na resolução de problemas complexos são situações comuns que prejudicam a experiência de pós-consumo.

Buscando mitigar esses inconvenientes, há iniciativas de leis estaduais que obrigam empresas de televisão por assinatura e estabelecimentos comerciais de vendas no varejo e atacado a colocar à disposição de seus clientes atendimento telefônico gratuito pelo prefixo 0800.

Nessa matéria, entendeu o Supremo Tribunal Federal que é válida lei estadual que obrigue as empresas – desde que já possuam Serviço de Atendimento ao Consumidor (SAC) – a fornecerem atendimento telefônico gratuito a seus clientes; posto que legislação dessa natureza seria compatível com o federalismo de cooperação.

Para a Corte Suprema, sob os atuais contornos da repartição constitucional de competências, o exercício da competência concorrente está chancelado pelos §§1º e 2º do art. 24 da CF, haja vista o nítido caráter de suplementação do arcabouço jurídico protetivo das relações de consumo que a obrigação de gratuidade no serviço de atendimento telefônico traduz.

(Sobre o tema: ADI 4118/RJ)

Art. 34. O fornecedor do produto ou serviço é solidariamente responsável pelos atos de seus prepostos ou representantes autônomos.

Art. 35. Se o fornecedor de produtos ou serviços recusar cumprimento à oferta, apresentação ou publicidade, o consumidor poderá, alternativamente e à sua livre escolha:

I – exigir o cumprimento forçado da obrigação, nos termos da oferta, apresentação ou publicidade;

II – aceitar outro produto ou prestação de serviço equivalente;

III – rescindir o contrato, com direito à restituição de quantia eventualmente antecipada, monetariamente atualizada, e a perdas e danos.

SEÇÃO III
Da Publicidade

Art. 36. A publicidade deve ser veiculada de tal forma que o consumidor, fácil e imediatamente, a identifique como tal.

Parágrafo único. O fornecedor, na publicidade de seus produtos ou serviços, manterá, em seu poder, para informação dos legítimos interessados, os dados fáticos, técnicos e científicos que dão sustentação à mensagem.

Como se sabe, há certa controvérsia sobre a confiabilidade do consumo, como alimento, de organismos geneticamente modificados. Embora a maioria das pesquisas não tenha encontrado evidências significativas de efeitos adversos nos alimentos transgênicos, alguns estudos sugerem a necessidade de monitoramento contínuo.

No que tange aos denominados produtos transgênicos, nossa atual Lei de Biossegurança (Lei nº 11.105/2005) incumbe à Comissão Técnica de Biossegurança (CTNBio) prestar apoio técnico e assessoramento ao Governo Federal para fins de fiscalização de atividades que envolvam organismos geneticamente modificados (OGMs) e seus derivados.

Dentre outros objetivos, aludida lei prevê expressamente o dever de observância ao princípio da precaução para a proteção do meio ambiente, além de incumbir à CTNBio a tarefa de apoiar tecnicamente os órgãos competentes na investigação de enfermidades relacionadas aos OGMs.

Mais precisamente no que tange aos alimentos, o texto da lei prescreve que "os alimentos e ingredientes alimentares destinados ao consumo humano ou animal que contenham ou sejam produzidos a partir de OGM ou derivados deverão conter informação nesse sentido em seus rótulos, conforme regulamento." (artigo 40)

Em reforço ao princípio da informação, direito básico do consumidor (artigo 6º inciso III), o estado de São Paulo promulgou lei dispondo sobre a obrigatoriedade de rotulagem em produtos de gêneros alimentícios destinados ao consumo humano e animal, que sejam constituídos ou produzidos a partir de organismos geneticamente modificados, no percentual igual ou superior a 1%.

Ao analisar aludida lei, o Supremo Tribunal Federal considerou-a constitucional.

Apresentou-se como fundamento da decisão que o modelo federativo brasileiro permitiria que a lei estadual promovesse a supressão de eventuais lacunas da legislação federal, complementando-a a fim de atender as peculiaridades locais.

Na hipótese, a exercício da competência suplementar traduziria escolhas legítimas do legislador local adequadamente amparadas nos interesses do consumidor, de densificação do direito à informação clara e adequada, e da proteção e defesa da saúde.

(Sobre o tema: ADI 4619/SP)

Art. 37. É proibida toda publicidade enganosa ou abusiva.

Inobstante seja um fenômeno relativamente novo, o fenômeno denominado "assédio de consumo" é uma realidade crescente nas práticas comerciais e carrega em si significativo grau de danosidade às suas vítimas.

Essa prática pode ser percebida com mais veemência nas ligações realizadas por serviços de telemarketing, oferecendo insistentemente produtos e serviços, quando feitas em circunstâncias e/ou horários inconvenientes.

Referida situação, entretanto, ganhou contornos inauditos diante dos últimos avanços da inteligência artificial. Na medida dessa evolução, os *chatbots* se destacaram como uma ferramenta poderosa para empresas interpelarem seus potenciais clientes.

Contudo, com o crescente uso dessa tecnologia, também surgiu uma preocupação de extrema relevância: o abuso de propagandas por *chatbots*. Como se sabe, quando mal utilizados, esses assistentes podem se tornar uma fonte irritante de propaganda intrusiva.

Nesse contexto, ganham relevância iniciativas legislativas como a ocorrida no Rio de Janeiro, a qual obriga as empresas prestadoras de telefonia fixa e móvel a constituírem cadastro especial de assinantes que se oponham ao recebimento de ofertas de produtos ou serviços por telefone e veda ligações de telemarketing após as 18h nos dias úteis e em qualquer horário nos fins de semana e feriados.

Ao analisar a lei, os Ministros entenderam que ela não criou obrigações nem direitos relacionados à execução contratual da concessão de serviços de telecomunicações; sendo, portanto, constitucional.

Para os julgadores, a lei buscou, apenas, ampliar mecanismos de tutela da dignidade dos usuários – "destinatários finais", na dicção do artigo 2º do Código de Defesa do Consumidor –, representando, portanto, legítima manifestação do exercício da competência concorrente dos estados para legislar sobre direitos do consumidor.

(Sobre o tema: ADI 5962/RJ)

---

§1º É enganosa qualquer modalidade de informação ou comunicação de caráter publicitário, inteira ou parcialmente falsa, ou, por qualquer outro modo, mesmo por omissão, capaz de induzir em erro o consumidor a respeito da natureza, características, qualidade, quantidade, propriedades, origem, preço e quaisquer outros dados sobre produtos e serviços.

§2º É abusiva, dentre outras a publicidade discriminatória de qualquer natureza, a que incite à violência, explore o medo ou a superstição, se aproveite da deficiência de julgamento e experiência da criança, desrespeita valores ambientais, ou que seja capaz de induzir o consumidor a se comportar de forma prejudicial ou perigosa à sua saúde ou segurança.

§3º Para os efeitos deste código, a publicidade é enganosa por omissão quando deixar de informar sobre dado essencial do produto ou serviço.

§4º (Vetado).

A existência de produtos perigosos para a saúde, cuja venda é permitida, é uma questão complexa e controvertida que enfrenta governos, reguladores e consumidores em todo o mundo.

Esses produtos podem variar desde substâncias químicas tóxicas, como pesticidas ou defensivos agrícolas, substâncias de uso recreativo como tabaco e produtos de nicotina, e até mesmo produtos de uso doméstico, como venenos para pragas residenciais.

A despeito disso, é inerente à atividade empresarial que os fornecedores de tais produtos possam fazer sua publicidade, sob pena de se violarem princípios constitucionais, tais como o da livre iniciativa, da concorrência, da liberdade de comunicação, dentre outros.

O Código de Defesa do Consumidor, por sua vez, ao tratar das hipóteses de publicidade proibida, aponta a omissão quanto a dado essencial do produto como conduta vedada, enfatizando que deixar de informar sobre referidos dados é considerado publicidade enganosa.

Sob tal perspectiva, pode-se compreender o julgamento do Supremo Tribunal Federal acerca da Lei Federal nº 12.546/2011, a qual estabelece restrições à publicidade e inserção de advertências sanitárias nas embalagens de produtos fumígenos.

Para a Corte Suprema, não viola o texto constitucional a imposição legal de restrições à publicidade de produtos fumígenos e de inserção de advertências sanitárias em suas embalagens quando se revelarem adequadas, necessárias e proporcionais para alcançar a finalidade de reduzir o fumo e o consumo do tabaco, hábitos que constituem perigo à saúde pública.

Entenderam os Ministros que a propaganda comercial, embora protegida enquanto direito fundamental – eis que abrangida pelas liberdades de expressão e comunicação (CF/1988, art. 5º, IV e IX) – sujeita-se a restrições, desde que proporcionais, no cotejo com a proteção de outros valores públicos.

Concluíram os julgadores que a atividade empresarial, inclusive a publicitária, submete-se aos princípios da ordem econômica, razão pela qual deve dialogar com a concretização dos demais valores públicos e a proteção dos direitos fundamentais potencialmente colidentes.

Nesse contexto, o próprio texto constitucional explicita a possibilidade e a importância das limitações publicitárias de produtos notadamente nocivos.

(Sobre o tema: ADI 3311/DF)

Art. 38. O ônus da prova da veracidade e correção da informação ou comunicação publicitária cabe a quem as patrocina.
[

SEÇÃO IV

Das Práticas Abusivas

Art. 39. É vedado ao fornecedor de produtos ou serviços, dentre outras práticas abusivas: (Redação dada pela Lei nº 8.884, de 11.6.1994)

I – condicionar o fornecimento de produto ou de serviço ao fornecimento de outro produto ou serviço, bem como, sem justa causa, a limites quantitativos;

II – recusar atendimento às demandas dos consumidores, na exata medida de suas disponibilidades de estoque, e, ainda, de conformidade com os usos e costumes;

III – enviar ou entregar ao consumidor, sem solicitação prévia, qualquer produto, ou fornecer qualquer serviço;

IV – prevalecer-se da fraqueza ou ignorância do consumidor, tendo em vista sua idade, saúde, conhecimento ou condição social, para impingir-lhe seus produtos ou serviços;

Conforme já apontado em linhas pretéritas, o assédio a consumidores para contratações de empréstimos tem se tornado cada vez mais acentuado, circunstância a qual pode levar os contratantes a decisões financeiras mal informadas e, consequentemente, ao endividamento excessivo.

Ademais, há um grupo de consumidores particularmente vulnerável a essa realidade, a saber, as pessoas idosas.

A falta de conhecimento sobre questões financeiras modernas, a falta de domínio de ferramentas virtuais e a ampla facilidade de acesso ao crédito têm levado idosos a comprometerem suas economias sem plena consciência das consequências. Além disso, os golpes financeiros direcionados a essa faixa etária representam outra ameaça persistente.

Atentos a essa realidade, o estado do Paraná tomou a iniciativa de criar lei a qual proíbe que instituições financeiras, correspondentes bancários e sociedades de arrendamento mercantil façam telemarketing, oferta comercial, proposta, publicidade ou qualquer tipo de atividade tendente a convencer aposentados e pensionistas a celebrarem contratos de empréstimo.

Referida norma determina que bancos e intermediários não devem realizar publicidade a aposentados e pensionistas para contratação de empréstimos, que somente podem ser concretizados por solicitação expressa.

Ao analisar aludida lei, o Supremo Tribunal Federal entendeu pela sua constitucionalidade, haja vista que versaria estritamente sobre proteção do consumidor e do idoso, não invadindo a competência privativa da União para legislar sobre Direito Civil, política de crédito ou propaganda comercial.

Outrossim, concluiu a Corte que referida lei teria observado o princípio da proporcionalidade (art. 5º, LIV, da Constituição Federal), pois não interferia na liberdade econômica das partes nem subtraía do consumidor a possibilidade de solicitar contratação.

(Sobre o tema: ADI 6727/PR)

V – exigir do consumidor vantagem manifestamente excessiva;

Como se sabe, a Lei nº 4.595/1964 estabeleceu que compete ao Banco Central da República do Brasil cumprir e fazer cumprir as disposições que lhe são atribuídas pela legislação em vigor e as normas expedidas pelo Conselho Monetário Nacional.

Além disso, dentre outras normas, o BACEN elencou, na Resolução nº 3.919, as prescrições sobre cobrança de tarifas pela prestação de serviços por parte das instituições financeiras, enumerando, inclusive, um pequeno elenco de serviços bancários gratuitos.

Na contramão disso, não é de se ignorar que tem havido uma escalada nas tarifas bancárias, com muitos bancos aumentando os valores cobrados por serviços essenciais, como saques, transferências e manutenção de contas.

O problema se agrava quando há falta de transparência e informação adequada para os clientes. Além disso, alguns bancos têm sido criticados por criar tarifas desnecessárias e complexas, dificultando para os consumidores entenderem exatamente o que estão pagando e por quê.

É nesse contexto que se pode avaliar a decisão do Supremo Tribunal Federal acerca da tarifa bancária sobre a disponibilização de limite para "cheque especial".

No ano de 2019, o CMN estabeleceu que os bancos não poderiam cobrar taxas superiores a 8% ao mês, o equivalente a 151,8% ao ano, no "cheque especial". Na mesma ocasião, porém, a autarquia permitiu que se fizesse a cobrança de tarifa pela mera disponibilização de "cheque especial", ainda que não utilizado, em conta de pessoas físicas e de microempreendedores individuais.

O STF foi desafiado a analisar a constitucionalidade de referida norma. Na ocasião, a Corte concluiu que se criara uma "tarifa" com características de taxa tributária, pela simples manutenção mensal da modalidade de contratação de "cheque especial", vinculada a contrato de conta corrente.

Para a Corte, houve uma desnaturação da natureza jurídica da "tarifa bancária" para adiantamento da remuneração do capital (juros), de maneira que a cobrança de "tarifa" (pagamento pela simples disponibilização) camuflou a cobrança de juros, com outra roupagem jurídica, voltada a abarcar quem não utiliza o crédito efetivamente na modalidade de "cheque especial".

Assim sendo, não se alterou apenas a forma de cobrança, mas a própria natureza da cobrança (juros adiantados), em descumprimento ao mandamento constitucional de proteção ao consumidor.

Os Ministros constataram também que o CMN violou o princípio da proporcionalidade, criando uma modalidade de cobrança similar a um tributo, sem que qualquer serviço fosse usufruído.

Por tais razões, aludida norma foi fulminada de inconstitucional pela Suprema Corte.

(Sobre o tema: ADI 6407/DF)

VI – executar serviços sem a prévia elaboração de orçamento e autorização expressa do consumidor, ressalvadas as decorrentes de práticas anteriores entre as partes;

VII – repassar informação depreciativa, referente a ato praticado pelo consumidor no exercício de seus direitos;

VIII – colocar, no mercado de consumo, qualquer produto ou serviço em desacordo com as normas expedidas pelos órgãos oficiais competentes ou, se normas específicas não existirem, pela Associação Brasileira de Normas Técnicas ou outra entidade credenciada pelo Conselho Nacional de Metrologia, Normalização e Qualidade Industrial (Conmetro);

No âmbito normativo, as cláusulas gerais e as normas abertas desempenham papéis fundamentais para a aplicação e interpretação do Direito. Ambos os institutos têm em comum a característica de serem normas jurídicas que possuem uma formulação mais ampla e flexível, permitindo uma maior adaptabilidade às situações fáticas.

No entanto, a flexibilidade das cláusulas gerais e normas abertas também pode gerar incertezas e insegurança jurídica. A falta de precisão nas normas pode levar a diferentes interpretações e decisões divergentes, prejudicando a previsibilidade e estabilidade do Direito.

É o que se verifica na norma acima, a qual, ao elencar uma hipótese de prática abusiva contra o consumidor, utiliza a expressão "em desacordo com as normas expedidas pelos órgãos oficiais competentes", dando ao texto da lei um caráter extremamente abrangente e, de certo modo, pouco previsível.

Sobre o assunto, pode-se citar uma norma estadual destinada a obrigar que as distribuidoras de combustíveis instalassem lacres eletrônicos nos tanques de armazenamento dos postos revendedores que exibissem sua marca. O fornecedor que assim não o fizesse estaria colocando no mercado produto "em desacordo com as normas expedidas pelas órgãos oficiais".

Ocorre que, quanto à matéria, o Supremo Tribunal Federal entendeu ser inconstitucional referida obrigatoriedade, por violar os princípios da proporcionalidade, da razoabilidade e da igualdade.

Para os Ministros, inobstante a constitucionalidade formal da norma, esta seria materialmente inconstitucional por criar uma obrigação em detrimento exclusivamente dos postos "bandeirados" (ou seja, os que se vinculem a determinada distribuidora), liberando, entretanto, postos "sem bandeira" dessa exigência.

Inobstante presuma-se que o objetivo fosse resguardar a qualidade dos combustíveis aos consumidores, a Corte entendeu que não haveria adequação da medida aos fins pretendidos e que a medida apenas criaria um ônus financeiro desproporcional exclusivamente aos postos "bandeirados", ocasionando, portanto, um desequilíbrio concorrencial.

(Sobre o tema: ADI 3.236/DF)

IX – recusar a venda de bens ou a prestação de serviços, diretamente a quem se disponha a adquiri-los mediante pronto pagamento, ressalvados os casos de intermediação regulados em leis especiais; (Redação dada pela Lei nº 8.884, de 11.6.1994)

X – elevar sem justa causa o preço de produtos ou serviços. (Incluído pela Lei nº 8.884, de 11.6.1994)

XI – Dispositivo incluído pela MPV nº 1.890-67, de 22.10.1999, transformado em inciso XIII, quando da conversão na Lei nº 9.870, de 23.11.1999

XII – deixar de estipular prazo para o cumprimento de sua obrigação ou deixar a fixação de seu termo inicial a seu exclusivo critério. (Incluído pela Lei nº 9.008, de 21.3.1995)

XIII – aplicar fórmula ou índice de reajuste diverso do legal ou contratualmente estabelecido. (Incluído pela Lei nº 9.870, de 23.11.1999)

XIV – permitir o ingresso em estabelecimentos comerciais ou de serviços de um número maior de consumidores que o fixado pela autoridade administrativa como máximo. (Incluído pela Lei nº 13.425, de 2017)

Parágrafo único. Os serviços prestados e os produtos remetidos ou entregues ao consumidor, na hipótese prevista no inciso III, equiparam-se às amostras grátis, inexistindo obrigação de pagamento.

Art. 40. O fornecedor de serviço será obrigado a entregar ao consumidor orçamento prévio discriminando o valor da mão-de-obra, dos materiais e equipamentos a serem empregados, as condições de pagamento, bem como as datas de início e término dos serviços.

§1º Salvo estipulação em contrário, o valor orçado terá validade pelo prazo de dez dias, contado de seu recebimento pelo consumidor.

§2º Uma vez aprovado pelo consumidor, o orçamento obriga os contraentes e somente pode ser alterado mediante livre negociação das partes.

§3º O consumidor não responde por quaisquer ônus ou acréscimos decorrentes da contratação de serviços de terceiros não previstos no orçamento prévio.

Art. 41. No caso de fornecimento de produtos ou de serviços sujeitos ao regime de controle ou de tabelamento de preços, os fornecedores deverão respeitar os limites oficiais sob pena de não o fazendo, responderem pela restituição da quantia recebida em excesso, monetariamente atualizada, podendo o consumidor exigir à sua escolha, o desfazimento do negócio, sem prejuízo de outras sanções cabíveis.

SEÇÃO V
Da Cobrança de Dívidas

Art. 42. Na cobrança de débitos, o consumidor inadimplente não será exposto a ridículo, nem será submetido a qualquer tipo de constrangimento ou ameaça.

Parágrafo único. O consumidor cobrado em quantia indevida tem direito à repetição do indébito, por valor igual ao dobro do que pagou em excesso, acrescido de correção monetária e juros legais, salvo hipótese de engano justificável.

Art. 42-A. Em todos os documentos de cobrança de débitos apresentados ao consumidor, deverão constar o nome, o endereço e o número de inscrição no Cadastro de Pessoas Físicas – CPF ou no Cadastro Nacional de Pessoa Jurídica – CNPJ do fornecedor do produto ou serviço correspondente. (Incluído pela Lei nº 12.039, de 2009)

SEÇÃO VI
Dos Bancos de Dados e Cadastros de Consumidores

Art. 43. O consumidor, sem prejuízo do disposto no art. 86, terá acesso às informações existentes em cadastros, fichas, registros e dados pessoais e de consumo arquivados sobre ele, bem como sobre as suas respectivas fontes.

Os cadastros de crédito registram informações cruciais sobre o histórico de pagamento de um indivíduo, incluindo empréstimos, financiamentos, cartões de crédito e contas de serviços públicos.

Atualmente, referidos cadastros têm inquestionável relevância para os consumidores, na medida em que uma boa "reputação financeira" pode abrir portas para condições mais favoráveis em quaisquer tratativas para aquisição de produtos ou serviços.

Como se sabe, a "reputação financeira" do consumidor é construída com base em seu histórico de pagamentos, capacidade de honrar compromissos financeiros e a forma como lida com suas obrigações.

Considerando-se as facilidades negociais que uma boa "reputação" proporciona, pode-se concluir que ela ostenta um valor patrimonial intrínseco, tratando-se, portanto, de um importante ativo intangível.

À vista dessas peculiaridades, leis que criem novas possibilidades de negativação dos nomes de consumidores em cadastros de crédito naturalmente trazem impacto não somente na realidade de devedores individuais, mas também no próprio ambiente de negócios, posto que pode tornar mais pessoas inaptas a acessar produtos e serviços.

A despeito disso, o Supremo Tribunal Federal considerou constitucional lei federal que permitiu a comunicação da inscrição de dívidas ativas aos órgãos que operem bancos de dados e cadastros relativos a consumidores.

Para tanto, os Ministros seguiram a mesma linha de entendimento que considera legítimo o protesto de certidões de dívida ativa (CDA) em cartórios extrajudiciais.

Quanto aos bancos de dados de consumidores, concluíram os Ministros que a comunicação a órgãos de proteção ao crédito sobre a existência de débito tributários em nome de certa pessoa não seria uma restrição ao seu direito de propriedade, mas tão somente um alerta a terceiros de boa-fé.

Ainda sobre bancos de dados de consumidores, a Suprema Corte fez outros pronunciamentos de grande relevância em relação a duas leis estaduais.

Em uma das situações, a Corte foi desafiada a se manifestar sobre a constitucionalidade de norma estadual que vedava a inscrição em cadastro de proteção ao crédito de usuário inadimplente dos serviços de abastecimento de água e esgotamento sanitário.

Ao analisar referida norma, a conclusão a que se chegou é que ela invadiria competência federal no que tange a normas gerais de defesa do consumidor, bem como sobre concessão de serviços públicos, sendo, portanto, inconstitucional a lei estadual que criou tal vedação.

Ademais, julgou-se também inconstitucional lei estadual que determinava comunicação prévia confirmada por aviso de recebimento (AR) ao consumidor sujeito a possível negativação.

Para os Ministros, tal norma claramente afrontaria o modelo federal, que estabelece, no artigo 42, §2º do Código de Defesa do Consumidor, a comunicação posterior de eventual registro.

Por fim, outra decisão de grande impacto para os consumidores se refere à possibilidade criada por lei federal de credores requererem a negativação de consumidores sem a necessidade de apresentar aos operadores de bancos de dados comprovação prévia do eventual inadimplemento.

Como se sabe, com o advento da Lei estadual nº 16.624/2017, não é mais obrigatória a apresentação, pelos credores, de documentos capazes de atestar a existência da dívida, a exigibilidade e a insolvência.

Após referida lei, tais documentos somente serão exigidos na hipótese de solicitação, de caráter voluntário, pelo próprio devedor ou pela empresa administradora dos dados.

Para os Ministros, essa modificação legislativa não consubstancia ofensa à Constituição ou retrocesso social em desfavor dos consumidores.

(Sobre o tema: ADI 5881/DF; ADI 5886/DF; ADI 5890/DF; ADI 5925/DF; ADI 5931/DF; ADI 5932/DF; ADI 6668/MG; ADI 5224/SP, ADI 5252/SP, ADI 5273/SP e ADI 5978/SP)

---

§1º Os cadastros e dados de consumidores devem ser objetivos, claros, verdadeiros e em linguagem de fácil compreensão, não podendo conter informações negativas referentes a período superior a cinco anos.

§2º A abertura de cadastro, ficha, registro e dados pessoais e de consumo deverá ser comunicada por escrito ao consumidor, quando não solicitada por ele.

§3º O consumidor, sempre que encontrar inexatidão nos seus dados e cadastros, poderá exigir sua imediata correção, devendo o arquivista, no prazo de cinco dias úteis, comunicar a alteração aos eventuais destinatários das informações incorretas.

§4º Os bancos de dados e cadastros relativos a consumidores, os serviços de proteção ao crédito e congêneres são considerados entidades de caráter público.

§5º Consumada a prescrição relativa à cobrança de débitos do consumidor, não serão fornecidas, pelos respectivos Sistemas de Proteção ao Crédito, quaisquer informações que possam impedir ou dificultar novo acesso ao crédito junto aos fornecedores.

§6º Todas as informações de que trata o *caput* deste artigo devem ser disponibilizadas em formatos acessíveis, inclusive para a pessoa com deficiência, mediante solicitação do consumidor. (Incluído pela Lei nº 13.146, de 2015) (Vigência)

Art. 44. Os órgãos públicos de defesa do consumidor manterão cadastros atualizados de reclamações fundamentadas contra fornecedores de produtos e serviços, devendo divulgá-lo pública e anualmente. A divulgação indicará se a reclamação foi atendida ou não pelo fornecedor.

§1º É facultado o acesso às informações lá constantes para orientação e consulta por qualquer interessado.

§2º Aplicam-se a este artigo, no que couber, as mesmas regras enunciadas no artigo anterior e as do parágrafo único do art. 22 deste código.

Art. 45. (Vetado).

CAPÍTULO VI
Da Proteção Contratual
SEÇÃO I
Disposições Gerais

Art. 46. Os contratos que regulam as relações de consumo não obrigarão os consumidores, se não lhes for dada a oportunidade de tomar conhecimento prévio de seu conteúdo, ou se os respectivos instrumentos forem redigidos de modo a dificultar a compreensão de seu sentido e alcance.

Art. 47. As cláusulas contratuais serão interpretadas de maneira mais favorável ao consumidor.

Art. 48. As declarações de vontade constantes de escritos particulares, recibos e pré-contratos relativos às relações de consumo vinculam o fornecedor, ensejando inclusive execução específica, nos termos do art. 84 e parágrafos.

Art. 49. O consumidor pode desistir do contrato, no prazo de 7 dias a contar de sua assinatura ou do ato de recebimento do produto ou serviço, sempre que a contratação de fornecimento de produtos e serviços ocorrer fora do estabelecimento comercial, especialmente por telefone ou a domicílio.

Parágrafo único. Se o consumidor exercitar o direito de arrependimento previsto neste artigo, os valores eventualmente pagos, a qualquer título, durante o prazo de reflexão, serão devolvidos, de imediato, monetariamente atualizados.

Art. 50. A garantia contratual é complementar à legal e será conferida mediante termo escrito.

Parágrafo único. O termo de garantia ou equivalente deve ser padronizado e esclarecer, de maneira adequada em que consiste a mesma garantia, bem como a forma, o prazo e o lugar em que pode ser exercitada e os ônus a cargo do consumidor, devendo ser-lhe entregue, devidamente preenchido pelo fornecedor, no ato do fornecimento, acompanhado de manual de instrução, de instalação e uso do produto em linguagem didática, com ilustrações.

SEÇÃO II
Das Cláusulas Abusivas

Art. 51. São nulas de pleno direito, entre outras, as cláusulas contratuais relativas ao fornecimento de produtos e serviços que:

I – impossibilitem, exonerem ou atenuem a responsabilidade do fornecedor por vícios de qualquer natureza dos produtos e serviços ou impliquem renúncia ou disposição de direitos. Nas relações de consumo entre o fornecedor e o consumidor pessoa jurídica, a indenização poderá ser limitada, em situações justificáveis;

A interpretação do Supremo Tribunal Federal sobre responsabilidade civil em contrato de transporte aéreo internacional transitou por algumas fases, devido à peculiaridade de esse tipo de contrato envolver a aplicação de tratados e convenções internacionais.

Como se sabe, o transporte aéreo internacional é regido por acordos e convenções internacionais que estabelecem regras específicas para a responsabilidade civil das companhias aéreas. A mais importante dessas convenções é a "Convenção para a Unificação de Certas Regras Relativas ao Transporte Aéreo Internacional", também conhecida como a "Convenção de Varsóvia" de 1929, com suas emendas posteriores.

A Convenção de Varsóvia teve como objetivo principal uniformizar as regras relativas ao transporte aéreo internacional, especialmente no que diz respeito à responsabilidade das companhias aéreas por danos causados aos passageiros e suas bagagens durante a viagem. Posteriormente, a Convenção foi atualizada pelo "Protocolo de Haia" (1955) e pelo "Protocolo de Montreal" (1975).

À vista desse quadro normativo, prevaleceu por certo tempo, dentro do STF, o entendimento de que, por exegese do art. 178 da Constituição da República, as normas e os tratados internacionais limitadores da responsabilidade das transportadoras aéreas de passageiros, especialmente as Convenções de Varsóvia e Montreal, teriam prevalência em relação ao Código de Defesa do Consumidor.

A preponderância desse entendimento ocasionou, desde o julgamento do Tema nº 210 de repercussão geral, a limitação de valores máximos de indenização por eventuais danos a passageiros, inobstante se mantivesse a responsabilidade civil objetiva das companhias aéreas.

Ocorre que, por ocasião do julgamento do Tema nº 1.240, a Corte aprimorou sua interpretação ao delimitar a controvérsia, posto que distinguiu as normas aplicáveis à reparação por dano material daquelas atinentes ao dano moral.

Assim sendo, fixou-se tese com repercussão geral sobre transporte aéreo internacional nos seguintes termos: "Não se aplicam as Convenções de Varsóvia e Montreal às hipóteses de danos extrapatrimoniais decorrentes de contrato de transporte aéreo internacional."

Entenderam os Ministros que se aplica o Código de Defesa do Consumidor em detrimento das Convenções de Varsóvia e Montreal nos casos em que se discute a responsabilidade das empresas de transporte aéreo internacional por dano moral resultante de atraso ou cancelamento de voo e de extravio de bagagem.
(Sobre o tema: RE 1.394.401/SP (Tema 1.240 RG))

II – subtraiam ao consumidor a opção de reembolso da quantia já paga, nos casos previstos neste código;

III – transfiram responsabilidades a terceiros;

IV – estabeleçam obrigações consideradas iníquas, abusivas, que coloquem o consumidor em desvantagem exagerada, ou sejam incompatíveis com a boa-fé ou a eqüidade;

V – (Vetado);

VI – estabeleçam inversão do ônus da prova em prejuízo do consumidor;

VII – determinem a utilização compulsória de arbitragem;

VIII – imponham representante para concluir ou realizar outro negócio jurídico pelo consumidor;

IX – deixem ao fornecedor a opção de concluir ou não o contrato, embora obrigando o consumidor;

X – permitam ao fornecedor, direta ou indiretamente, variação do preço de maneira unilateral;

XI – autorizem o fornecedor a cancelar o contrato unilateralmente, sem que igual direito seja conferido ao consumidor;

XII – obriguem o consumidor a ressarcir os custos de cobrança de sua obrigação, sem que igual direito lhe seja conferido contra o fornecedor;

XIII – autorizem o fornecedor a modificar unilateralmente o conteúdo ou a qualidade do contrato, após sua celebração;

XIV – infrinjam ou possibilitem a violação de normas ambientais;

XV – estejam em desacordo com o sistema de proteção ao consumidor;

XVI – possibilitem a renúncia do direito de indenização por benfeitorias necessárias.

XVII – condicionem ou limitem de qualquer forma o acesso aos órgãos do Poder Judiciário; (Incluído pela Lei nº 14.181, de 2021)

XVIII – estabeleçam prazos de carência em caso de impontualidade das prestações mensais ou impeçam o restabelecimento integral dos direitos do consumidor e de seus meios de pagamento a partir da purgação da mora ou do acordo com os credores; (Incluído pela Lei nº 14.181, de 2021)

XIX – (VETADO). (Incluído pela Lei nº 14.181, de 2021)

§1º Presume-se exagerada, entre outros casos, a vantagem que:

I – ofende os princípios fundamentais do sistema jurídico a que pertence;

II – restringe direitos ou obrigações fundamentais inerentes à natureza do contrato, de tal modo a ameaçar seu objeto ou equilíbrio contratual;

III – se mostra excessivamente onerosa para o consumidor, considerando-se a natureza e conteúdo do contrato, o interesse das partes e outras circunstâncias peculiares ao caso.

§2º A nulidade de uma cláusula contratual abusiva não invalida o contrato, exceto quando de sua ausência, apesar dos esforços de integração, decorrer ônus excessivo a qualquer das partes.

§3º (Vetado).

§4º É facultado a qualquer consumidor ou entidade que o represente requerer ao Ministério Público que ajuíze a competente ação para ser declarada a nulidade de cláusula contratual que contrarie o disposto neste código ou de qualquer forma não assegure o justo equilíbrio entre direitos e obrigações das partes.

Art. 52. No fornecimento de produtos ou serviços que envolva outorga de crédito ou concessão de financiamento ao consumidor, o fornecedor deverá, entre outros requisitos, informá-lo prévia e adequadamente sobre:

I – preço do produto ou serviço em moeda corrente nacional;

II – montante dos juros de mora e da taxa efetiva anual de juros;

III – acréscimos legalmente previstos;

IV – número e periodicidade das prestações;

V – soma total a pagar, com e sem financiamento.

§1º As multas de mora decorrentes do inadimplemento de obrigações no seu termo não poderão ser superiores a dois por cento do valor da prestação. (Redação dada pela Lei nº 9.298, de 1º.8.1996)

§2º É assegurado ao consumidor a liquidação antecipada do débito, total ou parcialmente, mediante redução proporcional dos juros e demais acréscimos.

§3º (Vetado).

Art. 53. Nos contratos de compra e venda de móveis ou imóveis mediante pagamento em prestações, bem como nas alienações fiduciárias em garantia, consideram-se nulas de pleno direito as cláusulas que estabeleçam a perda total das prestações pagas em benefício do credor que, em razão do inadimplemento, pleitear a resolução do contrato e a retomada do produto alienado.

§1º (Vetado).

§2º Nos contratos do sistema de consórcio de produtos duráveis, a compensação ou a restituição das parcelas quitadas, na forma deste artigo, terá descontada, além da vantagem econômica auferida com a fruição, os prejuízos que o desistente ou inadimplente causar ao grupo.

§3º Os contratos de que trata o caput deste artigo serão expressos em moeda corrente nacional.

SEÇÃO III

Dos Contratos de Adesão

Art. 54. Contrato de adesão é aquele cujas cláusulas tenham sido aprovadas pela autoridade competente ou estabelecidas unilateralmente pelo fornecedor de produtos ou serviços, sem que o consumidor possa discutir ou modificar substancialmente seu conteúdo.

§1º A inserção de cláusula no formulário não desfigura a natureza de adesão do contrato.

§2º Nos contratos de adesão admite-se cláusula resolutória, desde que a alternativa, cabendo a escolha ao consumidor, ressalvando-se o disposto no §2º do artigo anterior.

§3º Os contratos de adesão escritos serão redigidos em termos claros e com caracteres ostensivos e legíveis, cujo tamanho da fonte não será inferior ao corpo doze, de modo a facilitar sua compreensão pelo consumidor. (Redação dada pela nº 11.785, de 2008)

§4º As cláusulas que implicarem limitação de direito do consumidor deverão ser redigidas com destaque, permitindo sua imediata e fácil compreensão.

Dentro do mercado de saúde suplementar brasileiro, há inúmeras questões conflituosas envolvendo as operadoras de Plano de Assistência à Saúde e seus usuários, sendo que não raro as discordâncias desaguam nos tribunais.

Nessa matéria, um grupo de usuários especialmente vulnerável são as pessoas com deficiência. Isto porque esses pacientes enfrentam barreiras adicionais no acesso aos serviços médicos em virtude de limites a tratamentos impostos por operadoras de planos de saúde.

Sabe-se que esses limites existem para controlar os custos e garantir a sustentabilidade dos planos. No entanto, tais restrições podem prejudicar as pessoas com deficiência, que muitas vezes necessitam de cuidados médicos especializados e de longo prazo.

Um problema recorrente é a limitação da quantidade de terapias e sessões permitidas para certos tipos de tratamentos, como fisioterapia, terapia ocupacional e fonoaudiologia.

Outro problema são os tratamentos considerados "experimentais", normalmente terapias e/ou procedimentos inovadores, que poderiam beneficiar os pacientes, mas que ficam fora do escopo do que é coberto pelos planos.

Ocorre que muitas condições de deficiência requerem intervenções contínuas, de longo prazo e desafiam o uso de inovações, motivo pelo qual a imposição de limites pode impedir o progresso e a reabilitação plena.

Abordando a referida problemática, promulgou-se lei no estado do Mato Grosso que determinava que as empresas de seguro-saúde, empresas de medicina de grupo, cooperativas de trabalho médico ou outras que atuam sob a forma de prestação direta ou intermediação dos serviços médico-hospitalares estariam obrigadas a garantir o atendimento integral e fornecer o tratamento adequado às pessoas com deficiência.

Nada obstante a pertinência da determinação legal, o Supremo Tribunal Federal fixou tese contrária ao seu conteúdo, estabelecendo que "é inconstitucional, por violação à competência da União para legislar sobre Direito Civil e seguros (CF/1988, art. 22, I e VII), lei estadual que estabelece obrigações contratuais para operadoras de planos de saúde."

Para a Corte Suprema, compete exclusivamente à União regular o mercado de planos de saúde, o que inclui a normatização da matéria (CF/1988, art. 22, VII), bem como toda a fiscalização do setor (CF/1988, art. 21, VIII).

Nesse contexto, é inconstitucional lei estadual que interfere na regulação dos planos de saúde, mais especificamente na relação jurídica entre as suas operadoras e usuários, haja vista já existir vasta normatização federal, seja pela Lei nº 9.656/1998 ou pelas resoluções da ANS que regulam o rol de procedimentos e eventos em saúde.

No mesmo sentido foi o pronunciamento do Supremo em relação à lei do estado do Rio de Janeiro que vedava operadoras de plano de saúde a limitarem consultas e sessões para tratamento de pessoas com deficiência.

Nesse caso, os Ministros concluíram que as obrigações referentes a serviços de assistência médico-hospitalar são regidas por contratos de natureza privada, razão pela qual são matérias atinentes ao Direito Civil e à política de seguros, de modo que apenas a União poderia legislar a respeito do assunto.

(Sobre o tema: ADI 7.208/MT e ADI 7172/RJ)

---

§5º (Vetado)

CAPÍTULO VI-A
DA PREVENÇÃO E DO TRATAMENTO DO SUPERENDIVIDAMENTO

(Incluído pela Lei nº 14.181, de 2021)

Art. 54-A. Este Capítulo dispõe sobre a prevenção do superendividamento da pessoa natural, sobre o crédito responsável e sobre a educação financeira do consumidor. (Incluído pela Lei nº 14.181, de 2021)

§1º Entende-se por superendividamento a impossibilidade manifesta de o consumidor pessoa natural, de boa-fé, pagar a totalidade de suas dívidas de consumo, exigíveis e vincendas, sem comprometer seu mínimo existencial, nos termos da regulamentação. (Incluído pela Lei nº 14.181, de 2021)

§2º As dívidas referidas no §1º deste artigo englobam quaisquer compromissos financeiros assumidos decorrentes de relação de consumo, inclusive operações de crédito, compras a prazo e serviços de prestação continuada. (Incluído pela Lei nº 14.181, de 2021)

§3º O disposto neste Capítulo não se aplica ao consumidor cujas dívidas tenham sido contraídas mediante fraude ou má-fé, sejam oriundas de contratos celebrados dolosamente com o propósito de não realizar o pagamento ou decorram da aquisição ou contratação de produtos e serviços de luxo de alto valor. (Incluído pela Lei nº 14.181, de 2021)

Art. 54-B. No fornecimento de crédito e na venda a prazo, além das informações obrigatórias previstas no art. 52 deste Código e na legislação aplicável à matéria, o fornecedor ou o intermediário deverá informar o consumidor, prévia e adequadamente, no momento da oferta, sobre: (Incluído pela Lei nº 14.181, de 2021)

I – o custo efetivo total e a descrição dos elementos que o compõem; (Incluído pela Lei nº 14.181, de 2021)

II – a taxa efetiva mensal de juros, bem como a taxa dos juros de mora e o total de encargos, de qualquer natureza, previstos para o atraso no pagamento; (Incluído pela Lei nº 14.181, de 2021)

III – o montante das prestações e o prazo de validade da oferta, que deve ser, no mínimo, de 2 (dois) dias; (Incluído pela Lei nº 14.181, de 2021)

IV – o nome e o endereço, inclusive o eletrônico, do fornecedor; (Incluído pela Lei nº 14.181, de 2021)

V – o direito do consumidor à liquidação antecipada e não onerosa do débito, nos termos do §2º do art. 52 deste Código e da regulamentação em vigor. (Incluído pela Lei nº 14.181, de 2021)

§1º As informações referidas no art. 52 deste Código e no caput deste artigo devem constar de forma clara e resumida do próprio contrato, da fatura ou de instrumento apartado, de fácil acesso ao consumidor. (Incluído pela Lei nº 14.181, de 2021)

§2º Para efeitos deste Código, o custo efetivo total da operação de crédito ao consumidor consistirá em taxa percentual anual e compreenderá todos os valores cobrados do consumidor, sem prejuízo do cálculo padronizado pela autoridade reguladora do sistema financeiro. (Incluído pela Lei nº 14.181, de 2021)

§3º Sem prejuízo do disposto no art. 37 deste Código, a oferta de crédito ao consumidor e a oferta de venda a prazo, ou a fatura mensal, conforme o caso, devem indicar, no mínimo, o custo efetivo total, o agente financiador e a soma total a pagar, com e sem financiamento. (Incluído pela Lei nº 14.181, de 2021)

Art. 54-C. É vedado, expressa ou implicitamente, na oferta de crédito ao consumidor, publicitária ou não: (Incluído pela Lei nº 14.181, de 2021)

I – (VETADO); (Incluído pela Lei nº 14.181, de 2021)

II – indicar que a operação de crédito poderá ser concluída sem consulta a serviços de proteção ao crédito ou sem avaliação da situação financeira do consumidor; (Incluído pela Lei nº 14.181, de 2021)

III – ocultar ou dificultar a compreensão sobre os ônus e os riscos da contratação do crédito ou da venda a prazo; (Incluído pela Lei nº 14.181, de 2021)

IV – assediar ou pressionar o consumidor para contratar o fornecimento de produto, serviço ou crédito, principalmente se se tratar de consumidor idoso, analfabeto, doente ou em estado de vulnerabilidade agravada ou se a contratação envolver prêmio; (Incluído pela Lei nº 14.181, de 2021)

A contratação remota de empréstimos tem se tornado uma prática cada vez mais comum. Ocorre que, ao realizar contratações não presenciais, os consumidores podem não ter a oportunidade de obter esclarecimentos sobre aspectos complexos dos contratos.

Termos e condições importantes dos contratos podem passar despercebidos, e os mutuários podem se comprometer com cláusulas desvantajosas, como taxas de juros ocultas ou penalidades abusivas em caso de atraso no pagamento.

O fato é que esse novo formato de contratação pode levar consumidores em geral a decisões financeiras mal informadas e, consequentemente, ao endividamento excessivo. Há, entretanto, um grupo de consumidores particularmente vulnerável a essa nova realidade, a saber, a pessoas idosas.

A falta de conhecimento sobre questões financeiras modernas, a falta de domínio de ferramentas virtuais e a ampla facilidade de acesso ao crédito têm levado idosos a comprometerem suas economias sem plena consciência das consequências. Além disso, os golpes financeiros direcionados a essa faixa etária representam uma ameaça persistente.

Atento a essa realidade, o Estado da Paraíba tomou a iniciativa de criar lei por meio da qual passou-se a exigir a assinatura física de idosos em quaisquer contratos de operação de crédito.

Ao analisar aludida lei, o Supremo Tribunal Federal entendeu pela sua constitucionalidade, haja vista a competência suplementar dos estados federados para dispor sobre proteção do consumidor (CF/1988, art. 24, V e §2º).

Para a Corte Suprema, não se vislumbraria ofensa à competência privativa da União para legislar sobre Direito Civil e política de crédito (CF/1988, arts. 21, VIII; e 22, I e VII), uma vez que a lei estadual impugnada não interferia no objeto do contrato pactuado.

Segundo o entendimento dos Ministros, a norma apenas se destinaria a garantir o direito à informação dos consumidores idosos, bem como a assegurar seu consentimento informado. Reforçaram os julgadores que o legislador local se limitou a resguardar o idoso, prevenindo-o de fraudes que possam prejudicar o seu patrimônio.

Buscando também a proteção das pessoas idosas, o estado do Paraná tomou a iniciativa de criar lei a qual proibia que instituições financeiras, correspondentes bancários e sociedades de arrendamento mercantil fizessem telemarketing, oferta comercial, proposta, publicidade ou qualquer tipo de atividade tendente a convencer aposentados e pensionistas a celebrarem contratos de empréstimo.

Referida norma determinava que bancos e intermediários não deviam realizar publicidade a aposentados e pensionistas para contratação de empréstimos, que somente poderiam ser concretizados por solicitação expressa.

Ao analisar aludida lei, o Supremo Tribunal Federal entendeu pela sua constitucionalidade, haja vista que versaria estritamente sobre proteção do consumidor e do idoso, não invadindo a competência privativa da União para legislar sobre Direito Civil, política de crédito ou propaganda comercial.

Além do mais, concluiu a Corte que referida lei teria observado o princípio da proporcionalidade (art. 5º, LIV, da Constituição Federal), pois não interferiria na liberdade econômica das partes nem subtrairia do consumidor a possibilidade de solicitar contratação.

(Sobre o tema: ADI 7.027/PB e ADI 6727/PR)

V – condicionar o atendimento de pretensões do consumidor ou o início de tratativas à renúncia ou à desistência de demandas judiciais, ao pagamento de honorários advocatícios ou a depósitos judiciais. (Incluído pela Lei nº 14.181, de 2021)

Parágrafo único. (VETADO). (Incluído pela Lei nº 14.181, de 2021)

Art. 54-D. Na oferta de crédito, previamente à contratação, o fornecedor ou o intermediário deverá, entre outras condutas: (Incluído pela Lei nº 14.181, de 2021)

I – informar e esclarecer adequadamente o consumidor, considerada sua idade, sobre a natureza e a modalidade do crédito oferecido, sobre todos os custos incidentes, observado o disposto nos arts. 52 e 54-B deste Código, e sobre as consequências genéricas e específicas do inadimplemento; (Incluído pela Lei nº 14.181, de 2021)

II – avaliar, de forma responsável, as condições de crédito do consumidor, mediante análise das informações disponíveis em bancos de dados de proteção ao crédito, observado o disposto neste Código e na legislação sobre proteção de dados; (Incluído pela Lei nº 14.181, de 2021)

III – informar a identidade do agente financiador e entregar ao consumidor, ao garante e a outros coobrigados cópia do contrato de crédito. (Incluído pela Lei nº 14.181, de 2021)

Parágrafo único. O descumprimento de qualquer dos deveres previstos no caput deste artigo e nos arts. 52 e 54-C deste Código poderá acarretar judicialmente a redução dos juros, dos encargos ou de qualquer acréscimo ao principal e a dilação do prazo de pagamento previsto no contrato original, conforme a gravidade da conduta do fornecedor e as possibilidades financeiras do consumidor, sem prejuízo de outras sanções e de indenização por perdas e danos, patrimoniais e morais, ao consumidor. (Incluído pela Lei nº 14.181, de 2021)

Art. 54-E. (VETADO). (Incluído pela Lei nº 14.181, de 2021)

Art. 54-F. São conexos, coligados ou interdependentes, entre outros, o contrato principal de fornecimento de produto ou serviço e os contratos acessórios de crédito que lhe garantam o financiamento quando o fornecedor de crédito: (Incluído pela Lei nº 14.181, de 2021)

I – recorrer aos serviços do fornecedor de produto ou serviço para a preparação ou a conclusão do contrato de crédito; (Incluído pela Lei nº 14.181, de 2021)

II – oferecer o crédito no local da atividade empresarial do fornecedor de produto ou serviço financiado ou onde o contrato principal for celebrado. (Incluído pela Lei nº 14.181, de 2021)

§1º O exercício do direito de arrependimento nas hipóteses previstas neste Código, no contrato principal ou no contrato de crédito, implica a resolução de pleno direito do contrato que lhe seja conexo. (Incluído pela Lei nº 14.181, de 2021)

§2º Nos casos dos incisos I e II do caput deste artigo, se houver inexecução de qualquer das obrigações e deveres do fornecedor de produto ou serviço, o consumidor poderá requerer a rescisão do contrato não cumprido contra o fornecedor do crédito. (Incluído pela Lei nº 14.181, de 2021)

§3º O direito previsto no §2º deste artigo caberá igualmente ao consumidor: (Incluído pela Lei nº 14.181, de 2021)

I – contra o portador de cheque pós-datado emitido para aquisição de produto ou serviço a prazo; (Incluído pela Lei nº 14.181, de 2021)

II – contra o administrador ou o emitente de cartão de crédito ou similar quando o cartão de crédito ou similar e o produto ou serviço forem fornecidos pelo mesmo fornecedor ou por entidades pertencentes a um mesmo grupo econômico. (Incluído pela Lei nº 14.181, de 2021)

§4º A invalidade ou a ineficácia do contrato principal implicará, de pleno direito, a do contrato de crédito que lhe seja conexo, nos termos do caput deste artigo, ressalvado ao fornecedor do crédito o direito de obter do fornecedor do produto ou serviço a devolução dos valores entregues, inclusive relativamente a tributos. (Incluído pela Lei nº 14.181, de 2021)

Art. 54-G. Sem prejuízo do disposto no art. 39 deste Código e na legislação aplicável à matéria, é vedado ao fornecedor de produto ou serviço que envolva crédito, entre outras condutas: (Incluído pela Lei nº 14.181, de 2021)

I – realizar ou proceder à cobrança ou ao débito em conta de qualquer quantia que houver sido contestada pelo consumidor em compra realizada com cartão de crédito ou similar, enquanto não for adequadamente solucionada a controvérsia, desde que o consumidor haja notificado a administradora do cartão com antecedência de pelo menos 10 (dez) dias contados da data de vencimento da fatura, vedada a manutenção do valor na fatura seguinte e assegurado ao consumidor o direito de deduzir do total da fatura o valor em disputa e efetuar o pagamento da parte não contestada, podendo o emissor lançar como crédito em confiança o valor idêntico ao da transação contestada que tenha sido cobrada, enquanto não encerrada a apuração da contestação; (Incluído pela Lei nº 14.181, de 2021)

II – recusar ou não entregar ao consumidor, ao garante e aos outros coobrigados cópia da minuta do contrato principal de consumo ou do contrato de crédito, em papel ou outro suporte duradouro, disponível e acessível, e, após a conclusão, cópia do contrato; (Incluído pela Lei nº 14.181, de 2021)

III – impedir ou dificultar, em caso de utilização fraudulenta do cartão de crédito ou similar, que o consumidor peça e obtenha, quando aplicável, a anulação ou o imediato bloqueio do pagamento, ou ainda a restituição dos valores indevidamente recebidos. (Incluído pela Lei nº 14.181, de 2021)

§1º Sem prejuízo do dever de informação e esclarecimento do consumidor e de entrega da minuta do contrato, no empréstimo cuja liquidação seja feita mediante consignação em folha de pagamento, a formalização e a entrega da cópia do contrato ou do instrumento de contratação ocorrerão após o fornecedor do crédito obter da fonte pagadora a indicação sobre a existência de margem consignável. (Incluído pela Lei nº 14.181, de 2021)

§2º Nos contratos de adesão, o fornecedor deve prestar ao consumidor, previamente, as informações de que tratam o art. 52 e o caput do art. 54-B deste Código, além de outras porventura determinadas na legislação em vigor, e fica obrigado a entregar ao consumidor cópia do contrato, após a sua conclusão (Incluído pela Lei nº 14.181, de 2021)

CAPÍTULO VII
Das Sanções Administrativas
(Vide Lei nº 8.656, de 1993)

Art. 55. A União, os Estados e o Distrito Federal, em caráter concorrente e nas suas respectivas áreas de atuação administrativa, baixarão normas relativas à produção, industrialização, distribuição e consumo de produtos e serviços.

Desde a pandemia de COVID-19, uma crescente demanda por conveniência e segurança acelerou vertiginosamente o desenvolvimento de vasta gama de aplicativos de entrega (*delivery*).

Sucedido o período pós pandêmico, outras circunstâncias mantiveram a onipresença desses aplicativos, atingindo áreas comerciais antes pouco exploradas, a exemplo do setor de combustíveis.

O fato é que rotinas sobrecarregadas, longas filas nos postos de combustível e o tempo cada vez mais escasso levaram consumidores a buscar alternativas que facilitassem o acesso ao produto.

Nessa nova realidade, aplicativos ou plataformas *online* passaram a permitir que o combustível fosse entregue diretamente no veículo do consumidor, onde quer que ele estivesse estacionado.

Ocorre que o serviço de "*delivery* de combustível" foi objeto de proibição por lei do estado do Rio de Janeiro cujo texto assim estabeleceu: "fica vedada, no âmbito do estado do Rio de Janeiro, a prestação de serviço ao consumidor que tenha como objeto o abastecimento de veículo em local diverso do posto de combustível."

Inobstante a proibição, o Supremo Tribunal Federal entendeu ser inconstitucional a norma estadual que vedasse ao consumidor, pessoa física, o abastecimento de veículos em local diverso do posto de combustível.

Para os Ministros, haveria invasão à competência privativa da União, estabelecida no art. 22, IV, da Constituição Federal (CF), para dispor sobre energia; mormente diante da vasta normatização do setor, seja por lei federal, seja pelas normas regulatórias da Agência Nacional do Petróleo, Gás Natural e Biocombustíveis (ANP).

Relembraram os julgadores que a ANP já disciplinara a questão por meio da Resolução nº 41/2013, não havendo qualquer peculiaridade local ao estado que exigisse tratamento diverso.

(Sobre o tema: ADI 6580/RJ)

§1º A União, os Estados, o Distrito Federal e os Municípios fiscalizarão e controlarão a produção, industrialização, distribuição, a publicidade de produtos e serviços e o mercado de consumo, no interesse da preservação da vida, da saúde, da segurança, da informação e do bem-estar do consumidor, baixando as normas que se fizerem necessárias.

§2º (Vetado).

§3º Os órgãos federais, estaduais, do Distrito Federal e municipais com atribuições para fiscalizar e controlar o mercado de consumo manterão comissões permanentes para elaboração, revisão e atualização das normas referidas no §1º, sendo obrigatória a participação dos consumidores e fornecedores.

§4º Os órgãos oficiais poderão expedir notificações aos fornecedores para que, sob pena de desobediência, prestem informações sobre questões de interesse do consumidor, resguardado o segredo industrial.

Art. 56. As infrações das normas de defesa do consumidor ficam sujeitas, conforme o caso, às seguintes sanções administrativas, sem prejuízo das de natureza civil, penal e das definidas em normas específicas:

I – multa;

II – apreensão do produto;

III – inutilização do produto;

IV – cassação do registro do produto junto ao órgão competente;

V – proibição de fabricação do produto;

VI – suspensão de fornecimento de produtos ou serviço;

VII – suspensão temporária de atividade;

VIII – revogação de concessão ou permissão de uso;

IX – cassação de licença do estabelecimento ou de atividade;

X – interdição, total ou parcial, de estabelecimento, de obra ou de atividade;

XI – intervenção administrativa;

XII – imposição de contrapropaganda.

Parágrafo único. As sanções previstas neste artigo serão aplicadas pela autoridade administrativa, no âmbito de sua atribuição, podendo ser aplicadas cumulativamente, inclusive por medida cautelar, antecedente ou incidente de procedimento administrativo.

Art. 57. A pena de multa, graduada de acordo com a gravidade da infração, a vantagem auferida e a condição econômica do fornecedor, será aplicada mediante procedimento administrativo, revertendo para o Fundo de que trata a Lei nº 7.347, de 24 de julho de 1985, os valores cabíveis à União, ou para os Fundos estaduais ou municipais de proteção ao consumidor nos demais casos. (Redação dada pela Lei nº 8.656, de 21.5.1993)

Parágrafo único. A multa será em montante não inferior a duzentas e não superior a três milhões de vezes o valor da Unidade Fiscal de Referência (Ufir), ou índice equivalente que venha a substituí-lo. (Parágrafo acrescentado pela Lei nº 8.703, de 6.9.1993)

Art. 58. As penas de apreensão, de inutilização de produtos, de proibição de fabricação de produtos, de suspensão do fornecimento de produto ou serviço, de cassação do registro do produto e revogação da concessão ou permissão de uso serão aplicadas pela administração, mediante procedimento administrativo, assegurada ampla defesa, quando forem constatados vícios de quantidade ou de qualidade por inadequação ou insegurança do produto ou serviço.

Art. 59. As penas de cassação de alvará de licença, de interdição e de suspensão temporária da atividade, bem como a de intervenção administrativa, serão aplicadas mediante procedimento administrativo, assegurada ampla defesa, quando o fornecedor reincidir na prática das infrações de maior gravidade previstas neste código e na legislação de consumo.

§1º A pena de cassação da concessão será aplicada à concessionária de serviço público, quando violar obrigação legal ou contratual.

§2º A pena de intervenção administrativa será aplicada sempre que as circunstâncias de fato desaconselharem a cassação de licença, a interdição ou suspensão da atividade.

§3º Pendendo ação judicial na qual se discuta a imposição de penalidade administrativa, não haverá reincidência até o trânsito em julgado da sentença.

Art. 60. A imposição de contrapropaganda será cominada quando o fornecedor incorrer na prática de publicidade enganosa ou abusiva, nos termos do art. 36 e seus parágrafos, sempre às expensas do infrator.

§1º A contrapropaganda será divulgada pelo responsável da mesma forma, freqüência e dimensão e, preferencialmente no mesmo veículo, local, espaço e horário, de forma capaz de desfazer o malefício da publicidade enganosa ou abusiva.

§2º (Vetado)

§3º (Vetado).

TÍTULO II
Das Infrações Penais

Art. 61. Constituem crimes contra as relações de consumo previstas neste código, sem prejuízo do disposto no Código Penal e leis especiais, as condutas tipificadas nos artigos seguintes.

Art. 62. (Vetado).

Art. 63. Omitir dizeres ou sinais ostensivos sobre a nocividade ou periculosidade de produtos, nas embalagens, nos invólucros, recipientes ou publicidade:

Pena – Detenção de seis meses a dois anos e multa.

§1º Incorrerá nas mesmas penas quem deixar de alertar, mediante recomendações escritas ostensivas, sobre a periculosidade do serviço a ser prestado.

§2º Se o crime é culposo:

Pena Detenção de um a seis meses ou multa.

Art. 64. Deixar de comunicar à autoridade competente e aos consumidores a nocividade ou periculosidade de produtos cujo conhecimento seja posterior à sua colocação no mercado:

Pena – Detenção de seis meses a dois anos e multa.

Parágrafo único. Incorrerá nas mesmas penas quem deixar de retirar do mercado, imediatamente quando determinado pela autoridade competente, os produtos nocivos ou perigosos, na forma deste artigo.

Art. 65. Executar serviço de alto grau de periculosidade, contrariando determinação de autoridade competente:

Pena Detenção de seis meses a dois anos e multa.

§1º As penas deste artigo são aplicáveis sem prejuízo das correspondentes à lesão corporal e à morte. (Redação dada pela Lei nº 13.425, de 2017)

§2º A prática do disposto no inciso XIV do art. 39 desta Lei também caracteriza o crime previsto no caput deste artigo. (Incluído pela Lei nº 13.425, de 2017)

Art. 66. Fazer afirmação falsa ou enganosa, ou omitir informação relevante sobre a natureza, característica, qualidade, quantidade, segurança, desempenho, durabilidade, preço ou garantia de produtos ou serviços:

Pena – Detenção de três meses a um ano e multa.

§1º Incorrerá nas mesmas penas quem patrocinar a oferta.

§2º Se o crime é culposo;

Pena Detenção de um a seis meses ou multa.

Art. 67. Fazer ou promover publicidade que sabe ou deveria saber ser enganosa ou abusiva:

Pena Detenção de três meses a um ano e multa.

Parágrafo único. (Vetado).

Art. 68. Fazer ou promover publicidade que sabe ou deveria saber ser capaz de induzir o consumidor a se comportar de forma prejudicial ou perigosa a sua saúde ou segurança:

Pena – Detenção de seis meses a dois anos e multa:

Parágrafo único. (Vetado).

Art. 69. Deixar de organizar dados fáticos, técnicos e científicos que dão base à publicidade:

Pena Detenção de um a seis meses ou multa.

Art. 70. Empregar na reparação de produtos, peça ou componentes de reposição usados, sem autorização do consumidor:

Pena Detenção de três meses a um ano e multa.

Art. 71. Utilizar, na cobrança de dívidas, de ameaça, coação, constrangimento físico ou moral, afirmações falsas incorretas ou enganosas ou de qualquer outro procedimento que exponha o consumidor, injustificadamente, a ridículo ou interfira com seu trabalho, descanso ou lazer:

Pena Detenção de três meses a um ano e multa.

Art. 72. Impedir ou dificultar o acesso do consumidor às informações que sobre ele constem em cadastros, banco de dados, fichas e registros:

Pena Detenção de seis meses a um ano ou multa.

Art. 73. Deixar de corrigir imediatamente informação sobre consumidor constante de cadastro, banco de dados, fichas ou registros que sabe ou deveria saber ser inexata:

Pena Detenção de um a seis meses ou multa.

Art. 74. Deixar de entregar ao consumidor o termo de garantia adequadamente preenchido e com especificação clara de seu conteúdo;

Pena Detenção de um a seis meses ou multa.

Art. 75. Quem, de qualquer forma, concorrer para os crimes referidos neste código, incide as penas a esses cominadas na medida de sua culpabilidade, bem como o diretor, administrador ou gerente da pessoa jurídica que promover, permitir ou por qualquer modo aprovar o fornecimento, oferta, exposição à venda ou manutenção em depósito de produtos ou a oferta e prestação de serviços nas condições por ele proibidas.

Art. 76. São circunstâncias agravantes dos crimes tipificados neste código:

I – serem cometidos em época de grave crise econômica ou por ocasião de calamidade;

II – ocasionarem grave dano individual ou coletivo;

III – dissimular-se a natureza ilícita do procedimento;

IV – quando cometidos:

a) por servidor público, ou por pessoa cuja condição econômico-social seja manifestamente superior à da vítima;

b) em detrimento de operário ou rurícola; de menor de dezoito ou maior de sessenta anos ou de pessoas portadoras de deficiência mental interditadas ou não;

V – serem praticados em operações que envolvam alimentos, medicamentos ou quaisquer outros produtos ou serviços essenciais.

Art. 77. A pena pecuniária prevista nesta Seção será fixada em dias-multa, correspondente ao mínimo e ao máximo de dias de duração da pena privativa da liberdade cominada ao crime. Na individualização desta multa, o juiz observará o disposto no art. 60, §1º do Código Penal.

Art. 78. Além das penas privativas de liberdade e de multa, podem ser impostas, cumulativa ou alternadamente, observado o disposto nos arts. 44 a 47, do Código Penal:

I – a interdição temporária de direitos;

II – a publicação em órgãos de comunicação de grande circulação ou audiência, às expensas do condenado, de notícia sobre os fatos e a condenação;

III – a prestação de serviços à comunidade.

Art. 79. O valor da fiança, nas infrações de que trata este código, será fixado pelo juiz, ou pela autoridade que presidir o inquérito, entre cem e duzentas mil vezes o valor do Bônus do Tesouro Nacional (BTN), ou índice equivalente que venha a substituí-lo.

Parágrafo único. Se assim recomendar a situação econômica do indiciado ou réu, a fiança poderá ser:

a) reduzida até a metade do seu valor mínimo;

b) aumentada pelo juiz até vinte vezes.

Art. 80. No processo penal atinente aos crimes previstos neste código, bem como a outros crimes e contravenções que envolvam relações de consumo, poderão intervir, como assistentes do Ministério Público, os legitimados indicados no art. 82, inciso III e IV, aos quais também é facultado propor ação penal subsidiária, se a denúncia não for oferecida no prazo legal.

TÍTULO III
Da Defesa do Consumidor em Juízo
CAPÍTULO I
Disposições Gerais

Art. 81. A defesa dos interesses e direitos dos consumidores e das vítimas poderá ser exercida em juízo individualmente, ou a título coletivo.

Parágrafo único. A defesa coletiva será exercida quando se tratar de:

I – interesses ou direitos difusos, assim entendidos, para efeitos deste código, os transindividuais, de natureza indivisível, de que sejam titulares pessoas indeterminadas e ligadas por circunstâncias de fato;

II – interesses ou direitos coletivos, assim entendidos, para efeitos deste código, os transindividuais, de natureza indivisível de que seja titular grupo, categoria ou classe de pessoas ligadas entre si ou com a parte contrária por uma relação jurídica base;

III – interesses ou direitos individuais homogêneos, assim entendidos os decorrentes de origem comum.

Art. 82. Para os fins do art. 81, parágrafo único, são legitimados concorrentemente: (Redação dada pela Lei nº 9.008, de 21.3.1995)

I – o Ministério Público,

II – a União, os Estados, os Municípios e o Distrito Federal;

III – as entidades e órgãos da Administração Pública, direta ou indireta, ainda que sem personalidade jurídica, especificamente destinados à defesa dos interesses e direitos protegidos por este código;
IV – as associações legalmente constituídas há pelo menos um ano e que incluam entre seus fins institucionais a defesa dos interesses e direitos protegidos por este código, dispensada a autorização assemblear.
§1º O requisito da pré-constituição pode ser dispensado pelo juiz, nas ações previstas nos arts. 91 e seguintes, quando haja manifesto interesse social evidenciado pela dimensão ou característica do dano, ou pela relevância do bem jurídico a ser protegido.
§2º (Vetado).
§3º (Vetado).
Art. 83. Para a defesa dos direitos e interesses protegidos por este código são admissíveis todas as espécies de ações capazes de propiciar sua adequada e efetiva tutela.
Parágrafo único. (Vetado).
Art. 84. Na ação que tenha por objeto o cumprimento da obrigação de fazer ou não fazer, o juiz concederá a tutela específica da obrigação ou determinará providências que assegurem o resultado prático equivalente ao do adimplemento.
§1º A conversão da obrigação em perdas e danos somente será admissível se por elas optar o autor ou se impossível a tutela específica ou a obtenção do resultado prático correspondente.
§2º A indenização por perdas e danos se fará sem prejuízo da multa (art. 287, do Código de Processo Civil).
§3º Sendo relevante o fundamento da demanda e havendo justificado receio de ineficácia do provimento final, é lícito ao juiz conceder a tutela liminarmente ou após justificação prévia, citado o réu.
§4º O juiz poderá, na hipótese do §3º ou na sentença, impor multa diária ao réu, independentemente de pedido do autor, se for suficiente ou compatível com a obrigação, fixando prazo razoável para o cumprimento do preceito.
§5º Para a tutela específica ou para a obtenção do resultado prático equivalente, poderá o juiz determinar as medidas necessárias, tais como busca e apreensão, remoção de coisas e pessoas, desfazimento de obra, impedimento de atividade nociva, além de requisição de força policial.
Art. 85. (Vetado).

Art. 86. (Vetado).
Art. 87. Nas ações coletivas de que trata este código não haverá adiantamento de custas, emolumentos, honorários periciais e quaisquer outras despesas, nem condenação da associação autora, salvo comprovada má-fé, em honorários de advogados, custas e despesas processuais.
Parágrafo único. Em caso de litigância de má-fé, a associação autora e os diretores responsáveis pela propositura da ação serão solidariamente condenados em honorários advocatícios e ao décuplo das custas, sem prejuízo da responsabilidade por perdas e danos.
Art. 88. Na hipótese do art. 13, parágrafo único deste código, a ação de regresso poderá ser ajuizada em processo autônomo, facultada a possibilidade de prosseguir-se nos mesmos autos, vedada a denunciação da lide.
Art. 89. (Vetado)
Art. 90. Aplicam-se às ações previstas neste título as normas do Código de Processo Civil e da Lei nº 7.347, de 24 de julho de 1985, inclusive no que respeita ao inquérito civil, naquilo que não contrariar suas disposições.

CAPÍTULO II
Das Ações Coletivas Para a Defesa de Interesses Individuais Homogêneos

Art. 91. Os legitimados de que trata o art. 82 poderão propor, em nome próprio e no interesse das vítimas ou seus sucessores, ação civil coletiva de responsabilidade pelos danos individualmente sofridos, de acordo com o disposto nos artigos seguintes. (Redação dada pela Lei nº 9.008, de 21.3.1995)
Art. 92. O Ministério Público, se não ajuizar a ação, atuará sempre como fiscal da lei.
Parágrafo único. (Vetado).
Art. 93. Ressalvada a competência da Justiça Federal, é competente para a causa a justiça local:

Como se sabe, a insatisfação de consumidores com serviços prestados por empresas de telefonia tem sido uma constante. Quedas de sinal, cobranças indevidas, contratos abusivos, dentre outros inconvenientes, são situações comumente enfrentadas pelos usuários.

Diante desse cenário, muitos consumidores buscam amparo e reparação por meio de ações judiciais, visando à proteção de seus direitos e ao estabelecimento de uma relação mais justa e transparente com as operadoras de telefonia.

Ocorre que referido setor está sujeito a regime regulatório, incumbindo à Agência Nacional de Telecomunicações (ANATEL) fiscalizar a prestação de serviços, aplicar sanções, controlar revisões tarifárias e expedir normas sobre prestação de serviços.

Portanto, as questões atinentes à prestação de serviços de telefonia terminam por transitar tanto por leis consumeristas quanto por normas expedidas pela agência reguladora, cuja natureza jurídica é de autarquia federal.

Além disso, nos termos da disciplina constitucional, os serviços de telecomunicações são de titularidade da União, a quem compete explorar, diretamente ou mediante autorização, concessão ou permissão.

Diante dessa peculiaridade do setor, sucederam-se nos tribunais diversos debates referentes a qual juízo seria competente para julgar ações de consumidores contra concessionárias de telefonia, haja vista possível existência de interesse federal, que atrairia a aplicação do artigo 109, inciso I, da Constituição da República.

Para o fim de dirimir a questão, o Supremo Tribunal Federal se valeu de um instrumento de uniformização de jurisprudência com força normativa, a saber, uma súmula vinculante.

Por meio dessa ferramenta, a Corte Suprema firmou entendimento no sentido de que compete à justiça estadual julgar causas entre consumidor e concessionária de serviço público de telefonia, quando a ANATEL não seja litisconsorte passiva necessária, assistente, nem opoente.

(Sobre o tema: SÚMULA VINCULANTE nº 27)

I – no foro do lugar onde ocorreu ou deva ocorrer o dano, quando de âmbito local;

II – no foro da Capital do Estado ou no do Distrito Federal, para os danos de âmbito nacional ou regional, aplicando-se as regras do Código de Processo Civil aos casos de competência concorrente.

"Consumidores, por definição, somos todos nós".

Essa frase, pronunciada na década de 1960 pelo então presidente do Estados Unidos, John Kennedy, marcou, em sua época, o surgimento de um novo ramo do Direito voltado a estabelecer um equilíbrio entre os dois polos da relação de consumo: o Direito do Consumidor.

É importante destacar que, antes mesmo do fenômeno jurídico, o fenômeno antropológico subjacente a essa nova realidade é que, desde a consolidação da sociedade de consumo em massa, o ato de consumir aparece como resposta à satisfação das ansiedades dos indivíduos. Mais que isso até, o ato de consumir se tornou uma espécie de obrigação moral dos indivíduos para que estes possam se integrar socialmente e serem aceitos como "bem-sucedidos".

Atualmente, a lógica que guia as relações intersubjetivas na sociedade de consumo se fundamenta na ideia de que o ser humano extrai seu significado existencial do ato de consumir. É a era do *homo consumens*.

Por outro lado, diante do crescimento vertiginoso das relações de consumo e da complexidade das demandas inerentes a elas, os consumidores passaram a ocupar posição de extrema vulnerabilidade diante de empresas com maior poder econômico e expertise jurídica.

Na sociedade contemporânea, o consumidor não é mais dotado de poder negocial. Combustíveis, transporte aéreo, telefonia, internet, planos de saúde, serviços bancários dentre outros setores, dão o seguinte tom para a realidade dos fatos: quanto maior o fornecedor, mais vulnerável fica o consumidor.

Diante disso, fez-se necessário um profundo aprimoramento normativo tanto no campo do Direito material quanto no processual, para tentar reequilibrar essa equação.

Nesse contexto, as ações coletivas se destacaram como uma ferramenta poderosa para enfrentar eventuais abusos e práticas ilícitas por parte de fornecedores de produtos e serviços.

Além do consumidor, outro importante ator que recebe os benefícios da coletivização das ações é o próprio Poder Judiciário, na medida em que as ações coletivas cumprem relevante papel na contenção da litigiosidade em massa.

Diante desse cenário, a coletivização de processos tem se mostrado uma abordagem eficiente para evitar a litigiosidade em massa e promover uma tutela de direitos mais célere e efetiva.

É nessa linha de reflexões que se pode compreender o entendimento esposado pelo Supremo Tribunal Federal no julgamento do Tema de repercussão geral nº 1.075.

Na ocasião desse julgamento, a Corte Suprema entendeu que, após a alteração feita pela Lei nº 9.494/1997, o art. 16 da Lei nº 7.347/1985 se tornou inconstitucional. Por consequência, fixou a seguinte tese:

> "I – É inconstitucional o art. 16 da Lei 7.347/1985, alterada pela Lei 9.494/1997. II – Em se tratando de ação civil pública de efeitos nacionais ou regionais, a competência deve observar o art. 93, II, da Lei 8.078/1990. III – Ajuizadas múltiplas ações civis públicas de âmbito nacional ou regional, firma-se a prevenção do juízo que primeiro conheceu de uma delas, para o julgamento de todas as demandas conexas".

A razão desse posicionamento se justifica no fato de que o artigo 16 da Lei de Ação Civil Pública, após modificação do texto original, passou a estabelecer limites territoriais aos efeitos das sentenças proferidas em ações coletivas.

Nada obstante, entendeu o Ministro relator que o aludido artigo de lei direcionou-se na contramão do avanço institucional de proteção aos direitos metaindividuais, esbarrando nos preceitos norteadores da tutela coletiva, bem como nos comandos pertinentes ao amplo acesso à Justiça e à isonomia entre os jurisdicionados.

Para os julgadores, o Código de Defesa do Consumidor e a Lei de Ação Civil Pública constituem, no Brasil, o microssistema processual coletivo, e seguem o mesmo padrão de proteção dos direitos metaindividuais.

Portanto, em respeito à unidade da Constituição, à máxima efetividade ou à eficiência, e à justeza ou à conformidade funcional, não seria possível compatibilizar a restrição criada pelo art. 16 da LACP com os princípios da igualdade e da eficiência na prestação jurisdicional.

(Sobre o tema: RE 1101973/SP [Tema 1075 RG])

Art. 72. O juiz nomeará curador especial ao:

I – incapaz, se não tiver representante legal ou se os interesses deste colidirem com os daquele, enquanto durar a incapacidade;

II – réu preso revel, bem como ao réu revel citado por edital ou com hora certa, enquanto não for constituído advogado.

Parágrafo único. A curatela especial será exercida pela Defensoria Pública, nos termos da lei.

Art. 94. Proposta a ação, será publicado edital no órgão oficial, a fim de que os interessados possam intervir no processo como litisconsortes, sem prejuízo de ampla divulgação pelos meios de comunicação social por parte dos órgãos de defesa do consumidor.

Art. 95. Em caso de procedência do pedido, a condenação será genérica, fixando a responsabilidade do réu pelos danos causados.

Art. 96. (Vetado).

Art. 97. A liquidação e a execução de sentença poderão ser promovidas pela vítima e seus sucessores, assim como pelos legitimados de que trata o art. 82.

Parágrafo único. (Vetado).

Art. 98. A execução poderá ser coletiva, sendo promovida pelos legitimados de que trata o art. 82, abrangendo as vítimas cujas indenizações já tiveram sido fixadas em sentença de liquidação, sem prejuízo do ajuizamento de outras execuções. (Redação dada pela Lei nº 9.008, de 21.3.1995)

§1º A execução coletiva far-se-á com base em certidão das sentenças de liquidação, da qual deverá constar a ocorrência ou não do trânsito em julgado.

§2º É competente para a execução o juízo:

I – da liquidação da sentença ou da ação condenatória, no caso de execução individual;

II – da ação condenatória, quando coletiva a execução.

Art. 99. Em caso de concurso de créditos decorrentes de condenação prevista na Lei n.º 7.347, de 24 de julho de 1985 e de indenizações pelos prejuízos individuais resultantes do mesmo evento danoso, estas terão preferência no pagamento.

Parágrafo único. Para efeito do disposto neste artigo, a destinação da importância recolhida ao fundo criado pela Lei nº 7.347 de 24 de julho de 1985, ficará sustada enquanto pendentes de decisão de segundo grau as ações de indenização pelos danos individuais, salvo na hipótese de o patrimônio do devedor ser manifestamente suficiente para responder pela integralidade das dívidas.

Art. 100. Decorrido o prazo de um ano sem habilitação de interessados em número compatível com a gravidade do dano, poderão os legitimados do art. 82 promover a liquidação e execução da indenização devida.

Parágrafo único. O produto da indenização devida reverterá para o fundo criado pela Lei n.º 7.347, de 24 de julho de 1985.

CAPÍTULO III

Das Ações de Responsabilidade do Fornecedor de Produtos e Serviços

Art. 101. Na ação de responsabilidade civil do fornecedor de produtos e serviços, sem prejuízo do disposto nos Capítulos I e II deste título, serão observadas as seguintes normas:

I – a ação pode ser proposta no domicílio do autor;

II – o réu que houver contratado seguro de responsabilidade poderá chamar ao processo o segurador, vedada a integração do contraditório pelo Instituto de Resseguros do Brasil. Nesta hipótese, a sentença que julgar procedente o pedido condenará o réu nos termos do art. 80 do Código de Processo Civil. Se o réu houver sido declarado falido, o síndico será intimado a informar a existência de seguro de responsabilidade, facultando-se, em caso afirmativo, o ajuizamento de ação de indenização diretamente contra o segurador, vedada a denunciação da lide ao Instituto de Resseguros do Brasil e dispensado o litisconsórcio obrigatório com este.

Art. 102. Os legitimados a agir na forma deste código poderão propor ação visando compelir o Poder Público competente a proibir, em todo o território nacional, a produção, divulgação distribuição ou venda, ou a determinar a alteração na composição, estrutura, fórmula ou acondicionamento de produto, cujo uso ou consumo regular se revele nocivo ou perigoso à saúde pública e à incolumidade pessoal.

§1º (Vetado).

§2º (Vetado).

CAPÍTULO IV
Da Coisa Julgada

Art. 103. Nas ações coletivas de que trata este código, a sentença fará coisa julgada:

I – erga omnes, exceto se o pedido for julgado improcedente por insuficiência de provas, hipótese em que qualquer legitimado poderá intentar outra ação, com idêntico fundamento valendo-se de nova prova, na hipótese do inciso I do parágrafo único do art. 81;

II – ultra partes, mas limitadamente ao grupo, categoria ou classe, salvo improcedência por insuficiência de provas, nos termos do inciso anterior, quando se tratar da hipótese prevista no inciso II do parágrafo único do art. 81;

III – erga omnes, apenas no caso de procedência do pedido, para beneficiar todas as vítimas e seus sucessores, na hipótese do inciso III do parágrafo único do art. 81.

§1º Os efeitos da coisa julgada previstos nos incisos I e II não prejudicarão interesses e direitos individuais dos integrantes da coletividade, do grupo, categoria ou classe.

§2º Na hipótese prevista no inciso III, em caso de improcedência do pedido, os interessados que não tiverem intervindo no processo como litisconsortes poderão propor ação de indenização a título individual.

§3º Os efeitos da coisa julgada de que cuida o art. 16, combinado com o art. 13 da Lei nº 7.347, de 24 de julho de 1985, não prejudicarão as ações de indenização por danos pessoalmente sofridos, propostas individualmente ou na forma prevista neste código, mas, se procedente o pedido, beneficiarão as vítimas e seus sucessores, que poderão proceder à liquidação e à execução, nos termos dos arts. 96 a 99.

§4º Aplica-se o disposto no parágrafo anterior à sentença penal condenatória.

Art. 104. As ações coletivas, previstas nos incisos I e II e do parágrafo único do art. 81, não induzem litispendência para as ações individuais, mas os efeitos da coisa julgada erga omnes ou ultra partes a que aludem os incisos II e III do artigo anterior não beneficiarão os autores das ações individuais, se não for requerida sua suspensão no prazo de trinta dias, a contar da ciência nos autos do ajuizamento da ação coletiva.

CAPÍTULO V
DA CONCILIAÇÃO NO SUPERENDIVIDAMENTO

(Incluído pela Lei nº 14.181, de 2021)

Art. 104-A. A requerimento do consumidor superendividado pessoa natural, o juiz poderá instaurar processo de repactuação de dívidas, com vistas à realização de audiência conciliatória, presidida por ele ou por conciliador credenciado no juízo, com a presença de todos os credores de dívidas previstas no art. 54-A deste Código, na qual o consumidor apresentará proposta de plano de pagamento com prazo máximo de 5 (cinco) anos, preservados o mínimo existencial, nos termos da regulamentação, e as garantias e as formas de pagamento originalmente pactuadas. (Incluído pela Lei nº 14.181, de 2021)

§1º Excluem-se do processo de repactuação as dívidas, ainda que decorrentes de relações de consumo, oriundas de contratos celebrados dolosamente sem o propósito de realizar pagamento, bem como as dívidas provenientes de contratos de crédito com garantia real, de financiamentos imobiliários e de crédito rural. (Incluído pela Lei nº 14.181, de 2021)

§2º O não comparecimento injustificado de qualquer credor, ou de seu procurador com poderes especiais e plenos para transigir, à audiência de conciliação de que trata o caput deste artigo acarretará a suspensão da exigibilidade do débito e a interrupção dos encargos da mora, bem como a sujeição compulsória ao plano de pagamento da dívida se o montante devido ao credor ausente for certo e conhecido pelo consumidor, devendo o pagamento a esse credor ser estipulado para ocorrer apenas após o pagamento aos credores presentes à audiência conciliatória. (Incluído pela Lei nº 14.181, de 2021)

§3º No caso de conciliação, com qualquer credor, a sentença judicial que homologar o acordo descreverá o plano de pagamento da dívida e terá eficácia de título executivo e força de coisa julgada. (Incluído pela Lei nº 14.181, de 2021)

§4º Constarão do plano de pagamento referido no §3º deste artigo: (Incluído pela Lei nº 14.181, de 2021)

I – medidas de dilação dos prazos de pagamento e de redução dos encargos da dívida ou da remuneração do fornecedor, entre outras destinadas a facilitar o pagamento da dívida; (Incluído pela Lei nº 14.181, de 2021)

II – referência à suspensão ou à extinção das ações judiciais em curso; (Incluído pela Lei nº 14.181, de 2021)

III – data a partir da qual será providenciada a exclusão do consumidor de bancos de dados e de cadastros de inadimplentes; (Incluído pela Lei nº 14.181, de 2021)

IV – condicionamento de seus efeitos à abstenção, pelo consumidor, de condutas que importem no agravamento de sua situação de superendividamento. (Incluído pela Lei nº 14.181, de 2021)

§5º O pedido do consumidor a que se refere o caput deste artigo não importará em declaração de insolvência civil e poderá ser repetido somente após decorrido o prazo de 2 (dois) anos, contado da liquidação das obrigações previstas no plano de pagamento homologado, sem prejuízo de eventual repactuação. (Incluído pela Lei nº 14.181, de 2021)

Art. 104-B. Se não houver êxito na conciliação em relação a quaisquer credores, o juiz, a pedido do consumidor, instaurará processo por superendividamento para revisão e integração dos contratos e repactuação das dívidas remanescentes mediante plano judicial compulsório e procederá à citação de todos os credores cujos créditos não tenham integrado o acordo porventura celebrado. (Incluído pela Lei nº 14.181, de 2021)

§1º Serão considerados no processo por superendividamento, se for o caso, os documentos e as informações prestadas em audiência. (Incluído pela Lei nº 14.181, de 2021)

§2º No prazo de 15 (quinze) dias, os credores citados juntarão documentos e as razões da negativa de aceder ao plano voluntário ou de renegociar. (Incluído pela Lei nº 14.181, de 2021)

§3º O juiz poderá nomear administrador, desde que isso não onere as partes, o qual, no prazo de até 30 (trinta) dias, após cumpridas as diligências eventualmente necessárias, apresentará plano de pagamento que contemple medidas de temporização ou de atenuação dos encargos. (Incluído pela Lei nº 14.181, de 2021)

§4º O plano judicial compulsório assegurará aos credores, no mínimo, o valor do principal devido, corrigido monetariamente por índices oficiais de preço, e preverá a liquidação total da dívida, após a quitação do plano de pagamento consensual previsto no art. 104-A deste Código, em, no máximo, 5 (cinco) anos, sendo que a primeira parcela será devida no prazo máximo de 180 (cento e oitenta) dias, contado de sua homologação judicial, e o restante do saldo será devido em parcelas mensais iguais e sucessivas. (Incluído pela Lei nº 14.181, de 2021)

Art. 104-C. Compete concorrente e facultativamente aos órgãos públicos integrantes do Sistema Nacional de Defesa do Consumidor a fase conciliatória e preventiva do processo de repactuação de dívidas, nos moldes do art. 104-A deste Código, no que couber, com possibilidade de o processo ser regulado por convênios específicos celebrados entre os referidos órgãos e as instituições credoras ou suas associações. (Incluído pela Lei nº 14.181, de 2021)

§1º Em caso de conciliação administrativa para prevenir o superendividamento do consumidor pessoa natural, os órgãos públicos poderão promover, nas reclamações individuais, audiência global de conciliação com todos os credores e, em todos os casos, facilitar a elaboração de plano de pagamento, preservado o mínimo existencial, nos termos da regulamentação, sob a supervisão desses órgãos, sem prejuízo das demais atividades de reeducação financeira cabíveis. (Incluído pela Lei nº 14.181, de 2021)

§2º O acordo firmado perante os órgãos públicos de defesa do consumidor, em caso de superendividamento do consumidor pessoa natural, incluirá a data a partir da qual será providenciada a exclusão do consumidor de bancos de dados e de cadastros de inadimplentes, bem como o condicionamento de seus efeitos à abstenção, pelo consumidor, de condutas que importem no agravamento de sua situação de superendividamento, especialmente a de contrair novas dívidas. (Incluído pela Lei nº 14.181, de 2021)

TÍTULO IV
Do Sistema Nacional de Defesa do Consumidor

Art. 105. Integram o Sistema Nacional de Defesa do Consumidor (SNDC), os órgãos federais, estaduais, do Distrito Federal e municipais e as entidades privadas de defesa do consumidor.

Art. 106. O Departamento Nacional de Defesa do Consumidor, da Secretaria Nacional de Direito Econômico (MJ), ou órgão federal que venha substituí-lo, é organismo de coordenação da política do Sistema Nacional de Defesa do Consumidor, cabendo-lhe:

I – planejar, elaborar, propor, coordenar e executar a política nacional de proteção ao consumidor;

II – receber, analisar, avaliar e encaminhar consultas, denúncias ou sugestões apresentadas por entidades representativas ou pessoas jurídicas de direito público ou privado;

III – prestar aos consumidores orientação permanente sobre seus direitos e garantias;

IV – informar, conscientizar e motivar o consumidor através dos diferentes meios de comunicação;

V – solicitar à polícia judiciária a instauração de inquérito policial para a apreciação de delito contra os consumidores, nos termos da legislação vigente;

VI – representar ao Ministério Público competente para fins de adoção de medidas processuais no âmbito de suas atribuições;

VII – levar ao conhecimento dos órgãos competentes as infrações de ordem administrativa que violarem os interesses difusos, coletivos, ou individuais dos consumidores;

VIII – solicitar o concurso de órgãos e entidades da União, Estados, do Distrito Federal e Municípios, bem como auxiliar a fiscalização de preços, abastecimento, quantidade e segurança de bens e serviços;

IX – incentivar, inclusive com recursos financeiros e outros programas especiais, a formação de entidades de defesa do consumidor pela população e pelos órgãos públicos estaduais e municipais;

X – (Vetado).

XI – (Vetado).

XII – (Vetado)

XIII – desenvolver outras atividades compatíveis com suas finalidades.

Parágrafo único. Para a consecução de seus objetivos, o Departamento Nacional de Defesa do Consumidor poderá solicitar o concurso de órgãos e entidades de notória especialização técnico-científica.

TÍTULO V
Da Convenção Coletiva de Consumo

Art. 107. As entidades civis de consumidores e as associações de fornecedores ou sindicatos de categoria econômica podem regular, por convenção escrita, relações de consumo que tenham por objeto estabelecer condições relativas ao preço, à qualidade, à quantidade, à garantia e características de produtos e serviços, bem como à reclamação e composição do conflito de consumo.

§1º A convenção tornar-se-á obrigatória a partir do registro do instrumento no cartório de títulos e documentos.

§2º A convenção somente obrigará os filiados às entidades signatárias.

§3º Não se exime de cumprir a convenção o fornecedor que se desligar da entidade em data posterior ao registro do instrumento.

Art. 108. (Vetado).

TÍTULO VI
Disposições Finais

Art. 109. (Vetado).

Art. 110. Acrescente-se o seguinte inciso IV ao art. 1º da Lei nº 7.347, de 24 de julho de 1985:

> "IV – a qualquer outro interesse difuso ou coletivo".

Art. 111. O inciso II do art. 5º da Lei nº 7.347, de 24 de julho de 1985, passa a ter a seguinte redação:

> "II – inclua, entre suas finalidades institucionais, a proteção ao meio ambiente, ao consumidor, ao patrimônio artístico, estético, histórico, turístico e paisagístico, ou a qualquer outro interesse difuso ou coletivo".

Art. 112. O §3º do art. 5º da Lei nº 7.347, de 24 de julho de 1985, passa a ter a seguinte redação:

> "§3º Em caso de desistência infundada ou abandono da ação por associação legitimada, o Ministério Público ou outro legitimado assumirá a titularidade ativa".

Art. 113. Acrescente-se os seguintes §§4º, 5º e 6º ao art. 5º. da Lei n.º 7.347, de 24 de julho de 1985:

> "§4.º O requisito da pré-constituição poderá ser dispensado pelo juiz, quando haja manifesto interesse social evidenciado pela dimensão ou característica do dano, ou pela relevância do bem jurídico a ser protegido.
> §5.º Admitir-se-á o litisconsórcio facultativo entre os Ministérios Públicos da União, do Distrito Federal e dos Estados na defesa dos interesses e direitos de que cuida esta lei.
> §6º Os órgãos públicos legitimados poderão tomar dos interessados compromisso de ajustamento de sua conduta às exigências legais, mediante combinações, que terá eficácia de título executivo extrajudicial".

Art. 114. O art. 15 da Lei nº 7.347, de 24 de julho de 1985, passa a ter a seguinte redação:

> "Art. 15. Decorridos sessenta dias do trânsito em julgado da sentença condenatória, sem que a associação autora lhe promova a execução, deverá fazê-lo o Ministério Público, facultada igual iniciativa aos demais legitimados".

Art. 115. Suprima-se o caput do art. 17 da Lei nº 7.347, de 24 de julho de 1985, passando o parágrafo único a constituir o caput, com a seguinte redação:

> "Art. 17. Em caso de litigância de má-fé, a associação autora e os diretores responsáveis pela propositura da ação serão solidariamente condenados em honorários advocatícios e ao décuplo das custas, sem prejuízo da responsabilidade por perdas e danos".

Art. 116. Dê-se a seguinte redação ao art. 18 da Lei nº 7.347, de 24 de julho de 1985:

> "Art. 18. Nas ações de que trata esta lei, não haverá adiantamento de custas, emolumentos, honorários periciais e quaisquer outras despesas, nem condenação da associação autora, salvo comprovada má-fé, em honorários de advogado, custas e despesas processuais".

Art. 117. Acrescente-se à Lei nº 7.347, de 24 de julho de 1985, o seguinte dispositivo, renumerando-se os seguintes:

> "Art. 21. Aplicam-se à defesa dos direitos e interesses difusos, coletivos e individuais, no que for cabível, os dispositivos do Título III da lei que instituiu o Código de Defesa do Consumidor".

Art. 118. Este código entrará em vigor dentro de cento e oitenta dias a contar de sua publicação.

Art. 119. Revogam-se as disposições em contrário.

Brasília, 11 de setembro de 1990; 169º da Independência e 102º da República.

FERNANDO COLLOR
Bernardo Cabral
Zélia M. Cardoso de Mello
Ozires Silva

CÓDIGO PENAL – DECRETO-LEI Nº 2.848, DE 7 DE DEZEMBRO DE 1940

Fraude no comércio

Art. 175 – Enganar, no exercício de atividade comercial, o adquirente ou consumidor:
I – vendendo, como verdadeira ou perfeita, mercadoria falsificada ou deteriorada;
II – entregando uma mercadoria por outra:
Pena – detenção, de seis meses a dois anos, ou multa.
§1º – Alterar em obra que lhe é encomendada a qualidade ou o peso de metal ou substituir, no mesmo caso, pedra verdadeira por falsa ou por outra de menor valor; vender pedra falsa por verdadeira; vender, como precioso, metal de ou outra qualidade:
Pena – reclusão, de um a cinco anos, e multa.
§2º – É aplicável o disposto no art. 155, §2º.

LEI GERAL DO ESPORTE – LEI Nº 14.597, DE 14 DE JUNHO DE 2023

CAPÍTULO IV
DAS RELAÇÕES DE CONSUMO NOS EVENTOS ESPORTIVOS

Seção I
Disposições Gerais

Art. 142. As relações de consumo em eventos esportivos regulam-se especialmente por esta Lei, sem prejuízo da aplicação das normas gerais de proteção ao consumidor.
§1º Para os efeitos desta Lei e para fins de aplicação do disposto na Lei nº 8.078, de 11 de setembro de 1990 (Código de Defesa do Consumidor), consideram-se consumidor o espectador do evento esportivo, torcedor ou não, que tenha adquirido o direito de ingressar no local onde se realiza o referido evento e fornecedora a organização esportiva responsável pela organização da competição em conjunto com a organização esportiva detentora do mando de campo, se pertinente, ou, alternativamente, as duas organizações esportivas competidoras, bem como as demais pessoas naturais ou jurídicas que detenham os direitos de realização da prova ou partida.
§2º As organizações esportivas que administram e regulam modalidade esportiva em âmbito nacional caracterizam-se como fornecedoras relativamente a eventos esportivos por elas organizados, ainda que o cumprimento das tarefas materiais locais a eles pertinentes seja incumbência de terceiros ou de outras organizações esportivas.

Seção II
Dos Direitos do Espectador

Subseção I
Dos Ingressos

Art. 143. É direito do espectador que os ingressos para as partidas integrantes de competições em que compitam atletas profissionais sejam colocados à venda até 48 (quarenta e oito) horas antes do início da partida correspondente.
§1º A venda deverá ser realizada por sistema que assegure a sua agilidade e o amplo acesso à informação.
§2º É assegurado ao espectador o fornecimento de comprovante de pagamento, logo após a aquisição dos ingressos.
§3º Não será exigida, em qualquer hipótese, a devolução do comprovante referido no §2º deste artigo.
§4º Nas partidas que compõem as competições de âmbito nacional ou regional de primeira e segunda divisões, a venda de ingressos será realizada em, no mínimo, 5 (cinco) postos de venda localizados em distritos diferentes da cidade, exceto se a venda de ingressos pela internet suprir com eficiência a venda em locais físicos.
Art. 144. A organização esportiva que administra a competição e a organização de prática esportiva mandante da partida, prova ou equivalente, implementarão, na sistematização da emissão e venda de ingressos, sistema de segurança contra falsificações, fraudes e outras práticas que contribuam para a evasão da receita decorrente do evento esportivo.
Parágrafo único. (VETADO).
Art. 145. São direitos do espectador do evento esportivo:
I – que todos os ingressos emitidos sejam numerados; e
II – ocupar o local correspondente ao número constante do ingresso.
§1º O disposto no inciso II do *caput* deste artigo não se aplica aos locais já existentes para assistência em pé, nas competições que o permitirem, limitando-se, nesses locais, o número de pessoas, de acordo com critérios de saúde, de segurança e de bem-estar.
§2º A emissão de ingressos e o acesso à arena esportiva nas provas ou nas partidas que reúnam mais de 20.000 (vinte mil) pessoas deverão ser realizados por meio de sistema eletrônico que viabilize a fiscalização e o controle da quantidade de público e do movimento financeiro da partida.

§3º É direito do espectador que conste do ingresso o preço pago por ele.

§4º Os valores estampados nos ingressos destinados a um mesmo setor da arena esportiva não podem ser diferentes entre si nem daqueles divulgados antes da prova ou partida pelos responsáveis pelo evento.

§5º O disposto no §4º deste artigo não se aplica aos casos de venda antecipada de carnê para um conjunto de, no mínimo, 3 (três) partidas de uma mesma equipe, bem como de venda de ingresso com redução de preço decorrente de previsão legal.

Subseção II
Da Segurança nas Arenas Esportivas
e do Transporte Público

Art. 146. O espectador tem direito a segurança nos locais onde são realizados os eventos esportivos antes, durante e após a realização das provas ou partidas.

Parágrafo único. Deve ser assegurada acessibilidade ao espectador com deficiência ou com mobilidade reduzida. [...]

Art. 149. Sem prejuízo do disposto nos arts. 12, 13 e 14 da Lei nº 8.078, de 11 de setembro de 1990 (Código de Defesa do Consumidor), a responsabilidade pela segurança do espectador em evento esportivo será da organização esportiva diretamente responsável pela realização do evento esportivo e de seus dirigentes, que deverão:

I – solicitar ao poder público competente a presença de agentes públicos de segurança, devidamente identificados, responsáveis pela segurança dos espectadores dentro e fora dos estádios e dos demais locais de realização de eventos esportivos;

II – informar imediatamente após a decisão acerca da realização da partida, entre outros, aos órgãos públicos de segurança, de transporte e de higiene os dados necessários à segurança do evento, especialmente:

a) o local;
b) o horário de abertura da arena esportiva;
c) a capacidade de público da arena esportiva;
d) a expectativa de público;

III – colocar à disposição do espectador orientadores e serviço de atendimento para que ele encaminhe suas reclamações no momento do evento, em local:

a) amplamente divulgado e de fácil acesso, especialmente pela internet; e
b) situado na arena;
IV – disponibilizar 1 (um) médico e 2 (dois) profissionais de enfermagem, devidamente registrados nos respectivos conselhos profissionais, para cada 10.000 (dez mil) torcedores presentes ao evento;
V – comunicar previamente à autoridade de saúde a realização do evento.
§1º O detentor do direito de arena ou similar deverá disponibilizar 1 (uma) ambulância para cada 10.000 (dez mil) torcedores presentes ao evento.
§2º A organização esportiva diretamente responsável pela promoção do evento deverá solucionar imediatamente, sempre que possível, as reclamações dirigidas ao serviço de atendimento referido no inciso III do *caput* deste artigo, bem como reportá-las ao ouvidor da competição, e, nos casos relacionados à violação de direitos e interesses de consumidores, aos órgãos de proteção e defesa do consumidor. [...]
Art. 154. Em relação ao transporte de espectadores para eventos esportivos, ficam a eles assegurados:
I – acesso a transporte seguro e organizado;
II – ampla divulgação das providências tomadas em relação ao acesso ao local do evento esportivo, em transporte público ou privado;
III – organização das imediações da arena esportiva em que será realizado o evento, bem como de suas entradas e saídas, de modo a viabilizar, sempre que possível, o acesso seguro e rápido ao evento, na entrada, e aos meios de transporte, na saída. [...]

Subseção III
Da Alimentação e da Higiene

Art. 156. O espectador de eventos esportivos tem direito à higiene e à qualidade das instalações físicas das arenas esportivas e dos produtos alimentícios vendidos no local.
§1º O poder público, por meio de seus órgãos de vigilância sanitária, deve verificar o cumprimento do disposto neste artigo, na forma da legislação em vigor.

§2º É vedado impor preços excessivos ou aumentar sem justa causa os preços dos produtos alimentícios comercializados no local de realização do evento esportivo.
Art. 157. É direito do espectador que as arenas esportivas possuam sanitários em número compatível com sua capacidade de público, em plenas condições de limpeza e funcionamento.
Parágrafo único. Os laudos de que trata o art. 147 desta Lei devem aferir o número de sanitários em condições de uso, e deve ser emitido parecer sobre a sua compatibilidade com a capacidade de público do estádio. [...]

CAPÍTULO VI
DOS CRIMES CONTRA A
ORDEM ECONÔMICA ESPORTIVA
[...]

Seção II
Dos Crimes na Relação de Consumo
em Eventos Esportivos

Art. 166. Vender ou portar para venda ingressos de evento esportivo, por preço superior ao estampado no bilhete:
Pena – reclusão, de 1 (um) a 2 (dois) anos, e multa.
Art. 167. Fornecer, desviar ou facilitar a distribuição de ingressos para venda por preço superior ao estampado no bilhete:
Pena – reclusão, de 2 (dois) a 4 (quatro) anos, e multa.
Parágrafo único. A pena será aumentada de 1/3 (um terço) até a metade se o agente for servidor público, dirigente ou funcionário de organização esportiva que se relacione com a promoção do evento ou competição, de empresa contratada para o processo de emissão, distribuição e venda de ingressos ou de torcida organizada e se utilizar dessa condição para os fins previstos neste artigo. [...]

LEI DAS PISCINAS –
LEI Nº 14.327, DE 13 DE ABRIL DE 2022

Art. 1º Esta Lei dispõe sobre requisitos mínimos de segurança para a fabricação, a construção, a instalação e o funcionamento de piscinas ou similares e sobre a responsabilidade em caso de seu descumprimento.

§1º Entende-se por piscina o conjunto de instalações destinadas às atividades aquáticas, compreendendo o reservatório e os demais componentes relacionados com seu uso e funcionamento.

§2º Entendem-se por similares quaisquer outros reservatórios de água destinados à recreação, ao banho, à prática esportiva, entre outros, que sejam capazes de colocar em risco a saúde e a integridade física de pessoas.

Art. 2º É obrigatório para todas as piscinas e similares, existentes e em construção ou fabricação no território nacional, o uso de dispositivos de segurança aptos a resguardar a integridade física e a saúde de seus usuários, especialmente contra o turbilhonamento, o enlace de cabelos e a sucção de partes do corpo humano.

POLÍTICA NACIONAL DE MOBILIDADE URBANA – LEI Nº 12.587, DE 3 DE JANEIRO DE 2012

[...]
CAPÍTULO III
DOS DIREITOS DOS USUÁRIOS

Art. 14. São direitos dos usuários do Sistema Nacional de Mobilidade Urbana, sem prejuízo dos previstos nas Leis nºs 8.078, de 11 de setembro de 1990, e 8.987, de 13 de fevereiro de 1995 :
I – receber o serviço adequado, nos termos do art. 6º da Lei nº 8.987, de 13 de fevereiro de 1995 ;
II – participar do planejamento, da fiscalização e da avaliação da política local de mobilidade urbana;
III – ser informado nos pontos de embarque e desembarque de passageiros, de forma gratuita e acessível, sobre itinerários, horários, tarifas dos serviços e modos de interação com outros modais; e
IV – ter ambiente seguro e acessível para a utilização do Sistema Nacional de Mobilidade Urbana, conforme as Leis nºs 10.048, de 8 de novembro de 2000, e 10.098, de 19 de dezembro de 2000.
Parágrafo único. Os usuários dos serviços terão o direito de ser informados, em linguagem acessível e de fácil compreensão, sobre:
I – seus direitos e responsabilidades;
II – os direitos e obrigações dos operadores dos serviços; e
III – os padrões preestabelecidos de qualidade e quantidade dos serviços ofertados, bem como os meios para reclamações e respectivos prazos de resposta.
Art. 15. A participação da sociedade civil no planejamento, fiscalização e avaliação da Política Nacional de Mobilidade Urbana deverá ser assegurada pelos seguintes instrumentos:
I – órgãos colegiados com a participação de representantes do Poder Executivo, da sociedade civil e dos operadores dos serviços;

II – ouvidorias nas instituições responsáveis pela gestão do Sistema Nacional de Mobilidade Urbana ou nos órgãos com atribuições análogas;
III – audiências e consultas públicas; e
IV – procedimentos sistemáticos de comunicação, de avaliação da satisfação dos cidadãos e dos usuários e de prestação de contas públicas.
[...]

LEI – CONTRATOS IMOBILIÁRIOS – LEI Nº 13.786, DE 27 DE DEZEMBRO DE 2018

[...]

Art. 2º A Lei nº 4.591, de 16 de dezembro de 1964, passa a vigorar acrescida dos seguintes arts. 35-A, 43-A e 67-A:

"Art. 35-A. Os contratos de compra e venda, promessa de venda, cessão ou promessa de cessão de unidades autônomas integrantes de incorporação imobiliária serão iniciados por quadro-resumo, que deverá conter:
I – o preço total a ser pago pelo imóvel;
II – o valor da parcela do preço a ser tratada como entrada, a sua forma de pagamento, com destaque para o valor pago à vista, e os seus percentuais sobre o valor total do contrato;
III – o valor referente à corretagem, suas condições de pagamento e a identificação precisa de seu beneficiário;
IV – a forma de pagamento do preço, com indicação clara dos valores e vencimentos das parcelas;
V – os índices de correção monetária aplicáveis ao contrato e, quando houver pluralidade de índices, o período de aplicação de cada um;
VI – as consequências do desfazimento do contrato, seja por meio de distrato, seja por meio de resolução contratual motivada por inadimplemento de obrigação do adquirente ou do incorporador, com destaque negritado para as penalidades aplicáveis e para os prazos para devolução de valores ao adquirente;
VII – as taxas de juros eventualmente aplicadas, se mensais ou anuais, se nominais ou efetivas, o seu período de incidência e o sistema de amortização;
VIII – as informações acerca da possibilidade do exercício, por parte do adquirente do imóvel, do direito de arrependimento previsto no art. 49 da Lei nº 8.078, de 11 de setembro de 1990 (Código de Defesa do Consumidor), em todos os contratos firmados em estandes de vendas e fora da sede do incorporador ou do estabelecimento comercial;
IX – o prazo para quitação das obrigações pelo adquirente após a obtenção do auto de conclusão da obra pelo incorporador;
X – as informações acerca dos ônus que recaiam sobre o imóvel, em especial quando o vinculem como garantia real do financiamento destinado à construção do investimento;

XI – o número do registro do memorial de incorporação, a matrícula do imóvel e a identificação do cartório de registro de imóveis competente;
XII – o termo final para obtenção do auto de conclusão da obra (habite-se) e os efeitos contratuais da intempestividade prevista no art. 43-A desta Lei.
§1º Identificada a ausência de quaisquer das informações previstas no caput deste artigo, será concedido prazo de 30 (trinta) dias para aditamento do contrato e saneamento da omissão, findo o qual, essa omissão, se não sanada, caracterizará justa causa para rescisão contratual por parte do adquirente.
§2º A efetivação das consequências do desfazimento do contrato, referidas no inciso VI do caput deste artigo, dependerá de anuência prévia e específica do adquirente a seu respeito, mediante assinatura junto a essas cláusulas, que deverão ser redigidas conforme o disposto no §4º do art. 54 da Lei nº 8.078, de 11 de setembro de 1990 (Código de Defesa do Consumidor)."

[...]

Art. 3º A Lei nº 6.766, de 19 de dezembro de 1979, passa a vigorar com as seguintes alterações:

"Art. 26-A. Os contratos de compra e venda, cessão ou promessa de cessão de loteamento devem ser iniciados por quadro-resumo, que deverá conter, além das indicações constantes do art. 26 desta Lei:
I – o preço total a ser pago pelo imóvel;
II – o valor referente à corretagem, suas condições de pagamento e a identificação precisa de seu beneficiário;
III – a forma de pagamento do preço, com indicação clara dos valores e vencimentos das parcelas;
IV – os índices de correção monetária aplicáveis ao contrato e, quando houver pluralidade de índices, o período de aplicação de cada um;
V – as consequências do desfazimento do contrato, seja mediante distrato, seja por meio de resolução contratual motivada por inadimplemento de obrigação do adquirente ou do loteador, com destaque negritado para as penalidades aplicáveis e para os prazos para devolução de valores ao adquirente;
VI – as taxas de juros eventualmente aplicadas, se mensais ou anuais, se nominais ou efetivas, o seu período de incidência e o sistema de amortização;
VII – as informações acerca da possibilidade do exercício, por parte do adquirente do imóvel, do direito de arrependimento previsto no art. 49 da Lei nº 8.078, de 11 de setembro de 1990 (Código de Defesa do Consumidor), em todos os contratos firmados em estandes de vendas e fora da sede do loteador ou do estabelecimento comercial;
VIII – o prazo para quitação das obrigações pelo adquirente após a obtenção do termo de vistoria de obras;

IX – informações acerca dos ônus que recaiam sobre o imóvel;

X – o número do registro do loteamento ou do desmembramento, a matrícula do imóvel e a identificação do cartório de registro de imóveis competente;

XI – o termo final para a execução do projeto referido no §1º do art. 12 desta Lei e a data do protocolo do pedido de emissão do termo de vistoria de obras.

§1º Identificada a ausência de quaisquer das informações previstas no caput deste artigo, será concedido prazo de 30 (trinta) dias para aditamento do contrato e saneamento da omissão, findo o qual, essa omissão, se não sanada, caracterizará justa causa para rescisão contratual por parte do adquirente.

§2º A efetivação das consequências do desfazimento do contrato, mencionadas no inciso V do caput deste artigo, dependerá de anuência prévia e específica do adquirente a seu respeito, mediante assinatura junto a essas cláusulas, que deverão ser redigidas conforme o disposto no §4º do art. 54 da Lei nº 8.078, de 11 de setembro de 1990 (Código de Defesa do Consumidor)."

LEI GERAL DE PROTEÇÃO DE DADOS – LEI Nº 13.709, DE 14 DE AGOSTO DE 2018

Art. 1º Esta Lei dispõe sobre o tratamento de dados pessoais, inclusive nos meios digitais, por pessoa natural ou por pessoa jurídica de direito público ou privado, com o objetivo de proteger os direitos fundamentais de liberdade e de privacidade e o livre desenvolvimento da personalidade da pessoa natural.
Parágrafo único. As normas gerais contidas nesta Lei são de interesse nacional e devem ser observadas pela União, Estados, Distrito Federal e Municípios. (Incluído pela Lei nº 13.853, de 2019) Vigência
Art. 2º A disciplina da proteção de dados pessoais tem como fundamentos:
I – o respeito à privacidade;
II – a autodeterminação informativa;
III – a liberdade de expressão, de informação, de comunicação e de opinião;
IV – a inviolabilidade da intimidade, da honra e da imagem;
V – o desenvolvimento econômico e tecnológico e a inovação;
VI – a livre iniciativa, a livre concorrência e a defesa do consumidor; e
VII – os direitos humanos, o livre desenvolvimento da personalidade, a dignidade e o exercício da cidadania pelas pessoas naturais. [...]

Art. 18. O titular dos dados pessoais tem direito a obter do controlador, em relação aos dados do titular por ele tratados, a qualquer momento e mediante requisição:
I – confirmação da existência de tratamento;
II – acesso aos dados;
III – correção de dados incompletos, inexatos ou desatualizados;
IV – anonimização, bloqueio ou eliminação de dados desnecessários, excessivos ou tratados em desconformidade com o disposto nesta Lei;
V – portabilidade dos dados a outro fornecedor de serviço ou produto, mediante requisição expressa, de acordo com a regulamentação da

autoridade nacional, observados os segredos comercial e industrial; (Redação dada pela Lei nº 13.853, de 2019) Vigência

VI – eliminação dos dados pessoais tratados com o consentimento do titular, exceto nas hipóteses previstas no art. 16 desta Lei;

VII – informação das entidades públicas e privadas com as quais o controlador realizou uso compartilhado de dados;

VIII – informação sobre a possibilidade de não fornecer consentimento e sobre as consequências da negativa;

IX – revogação do consentimento, nos termos do §5º do art. 8º desta Lei. [...]

§8º O direito a que se refere o §1º deste artigo também poderá ser exercido perante os organismos de defesa do consumidor. [...]

LEI – PUBLICIDADE DE TARIFAS – LEI Nº 13.673, DE 5 DE JUNHO DE 2018

Art. 1º O art. 9º da Lei nº 8.987, de 13 de fevereiro de 1995, passa a vigorar acrescido do seguinte §5º:

"Art. 9º ....
....
§5º A concessionária deverá divulgar em seu sítio eletrônico, de forma clara e de fácil compreensão pelos usuários, tabela com o valor das tarifas praticadas e a evolução das revisões ou reajustes realizados nos últimos cinco anos." (NR)

Art. 2º O art. 15 da Lei nº 9.427, de 26 de dezembro de 1996, passa a vigorar acrescido do seguinte §3º:

"Art. 15. ....
....
§3º A concessionária deverá divulgar em seu sítio eletrônico, de forma clara e de fácil compreensão pelo consumidor final, tabela com o valor das tarifas praticadas e a evolução das revisões ou reajustes realizados nos últimos cinco anos." (NR)

Art. 3º O art. 3º da Lei nº 9.472, de 16 de julho de 1997, passa a vigorar acrescido do seguinte parágrafo único:

"Art. 3º ....
Parágrafo único. Para o cumprimento do disposto no inciso IV do *caput* deste artigo, a prestadora de serviço deverá divulgar em seu sítio eletrônico, de forma clara e de fácil compreensão pelos usuários, tabela com o valor das tarifas e preços praticados e a evolução dos reajustes realizados nos últimos cinco anos." (NR)

[...]

LEI – DIVULGAÇÃO DE PREÇOS NO COMÉRCIO ELETRÔNICO – LEI Nº 13.543, DE 19 DE DEZEMBRO DE 2017

Art. 1º Esta Lei altera a Lei nº 10.962, de 11 de outubro de 2004, para regular as condições de informação do preço de bens e serviços ao consumidor, no comércio eletrônico.

Art. 2º O art. 2º da Lei nº 10.962, de 11 de outubro de 2004, passa a vigorar acrescido do seguinte inciso III:

"Art. 2º ....
....

III – no comércio eletrônico, mediante divulgação ostensiva do preço à vista, junto à imagem do produto ou descrição do serviço, em caracteres facilmente legíveis com tamanho de fonte não inferior a doze. [...]

LEI DE PROTEÇÃO AO USUÁRIO DO SERVIÇO PÚBLICO – LEI Nº 13.460, DE 26 DE JUNHO DE 2017

[...]
CAPÍTULO II
DOS DIREITOS BÁSICOS E DEVERES DOS USUÁRIOS

Art. 5º O usuário de serviço público tem direito à adequada prestação dos serviços, devendo os agentes públicos e prestadores de serviços públicos observar as seguintes diretrizes:
I – urbanidade, respeito, acessibilidade e cortesia no atendimento aos usuários;
II – presunção de boa-fé do usuário;
III – atendimento por ordem de chegada, ressalvados casos de urgência e aqueles em que houver possibilidade de agendamento, asseguradas as prioridades legais às pessoas com deficiência, aos idosos, às gestantes, às lactantes e às pessoas acompanhadas por crianças de colo;
IV – adequação entre meios e fins, vedada a imposição de exigências, obrigações, restrições e sanções não previstas na legislação;
V – igualdade no tratamento aos usuários, vedado qualquer tipo de discriminação;
VI – cumprimento de prazos e normas procedimentais;
VII – definição, publicidade e observância de horários e normas compatíveis com o bom atendimento ao usuário;
VIII – adoção de medidas visando a proteção à saúde e a segurança dos usuários;
IX – autenticação de documentos pelo próprio agente público, à vista dos originais apresentados pelo usuário, vedada a exigência de reconhecimento de firma, salvo em caso de dúvida de autenticidade;
X – manutenção de instalações salubres, seguras, sinalizadas, acessíveis e adequadas ao serviço e ao atendimento;

XI – eliminação de formalidades e de exigências cujo custo econômico ou social seja superior ao risco envolvido;
XII – observância dos códigos de ética ou de conduta aplicáveis às várias categorias de agentes públicos;
XIII – aplicação de soluções tecnológicas que visem a simplificar processos e procedimentos de atendimento ao usuário e a propiciar melhores condições para o compartilhamento das informações;
XIV – utilização de linguagem simples e compreensível, evitando o uso de siglas, jargões e estrangeirismos; e
XV – vedação da exigência de nova prova sobre fato já comprovado em documentação válida apresentada.
XVI – comunicação prévia ao consumidor de que o serviço será desligado em virtude de inadimplemento, bem como do dia a partir do qual será realizado o desligamento, necessariamente durante horário comercial. (Incluído pela Lei nº 14.015, de 2020)
Parágrafo único. A taxa de religação de serviços não será devida se houver descumprimento da exigência de notificação prévia ao consumidor prevista no inciso XVI do caput deste artigo, o que ensejará a aplicação de multa à concessionária, conforme regulamentação. (Incluído pela Lei nº 14.015, de 2020)
Art. 6º São direitos básicos do usuário:
I – participação no acompanhamento da prestação e na avaliação dos serviços;
II – obtenção e utilização dos serviços com liberdade de escolha entre os meios oferecidos e sem discriminação;
III – acesso e obtenção de informações relativas à sua pessoa constantes de registros ou bancos de dados, observado o disposto no inciso X do caput do art. 5º da Constituição Federal e na Lei nº 12.527, de 18 de novembro de 2011;
IV – proteção de suas informações pessoais, nos termos da Lei nº 12.527, de 18 de novembro de 2011;
V – atuação integrada e sistêmica na expedição de atestados, certidões e documentos comprobatórios de regularidade; e
VI – obtenção de informações precisas e de fácil acesso nos locais de prestação do serviço, assim como sua disponibilização na internet, especialmente sobre:
a) horário de funcionamento das unidades administrativas;

b) serviços prestados pelo órgão ou entidade, sua localização exata e a indicação do setor responsável pelo atendimento ao público;
c) acesso ao agente público ou ao órgão encarregado de receber manifestações;
d) situação da tramitação dos processos administrativos em que figure como interessado; e
e) valor das taxas e tarifas cobradas pela prestação dos serviços, contendo informações para a compreensão exata da extensão do serviço prestado.
VII – comunicação prévia da suspensão da prestação de serviço. (Incluído pela Lei nº 14.015, de 2020)
Parágrafo único. É vedada a suspensão da prestação de serviço em virtude de inadimplemento por parte do usuário que se inicie na sexta-feira, no sábado ou no domingo, bem como em feriado ou no dia anterior a feriado. (Incluído pela Lei nº 14.015, de 2020)
Art. 7º Os órgãos e entidades abrangidos por esta Lei divulgarão Carta de Serviços ao Usuário.
§1º A Carta de Serviços ao Usuário tem por objetivo informar o usuário sobre os serviços prestados pelo órgão ou entidade, as formas de acesso a esses serviços e seus compromissos e padrões de qualidade de atendimento ao público.
§2º A Carta de Serviços ao Usuário deverá trazer informações claras e precisas em relação a cada um dos serviços prestados, apresentando, no mínimo, informações relacionadas a:
I – serviços oferecidos;
II – requisitos, documentos, formas e informações necessárias para acessar o serviço;
III – principais etapas para processamento do serviço;
IV – previsão do prazo máximo para a prestação do serviço;
V – forma de prestação do serviço; e
VI – locais e formas para o usuário apresentar eventual manifestação sobre a prestação do serviço.
§3º Além das informações descritas no §2º, a Carta de Serviços ao Usuário deverá detalhar os compromissos e padrões de qualidade do atendimento relativos, no mínimo, aos seguintes aspectos:
I – prioridades de atendimento;
II – previsão de tempo de espera para atendimento;
III – mecanismos de comunicação com os usuários;

IV – procedimentos para receber e responder as manifestações dos usuários; e

V – mecanismos de consulta, por parte dos usuários, acerca do andamento do serviço solicitado e de eventual manifestação.

§4º A Carta de Serviços ao Usuário será objeto de atualização periódica e de permanente divulgação mediante publicação em sítio eletrônico do órgão ou entidade na internet.

§5º Regulamento específico de cada Poder e esfera de Governo disporá sobre a operacionalização da Carta de Serviços ao Usuário.

§6º Compete a cada ente federado disponibilizar as informações dos serviços prestados, conforme disposto nas suas Cartas de Serviços ao Usuário, na Base Nacional de Serviços Públicos, mantida pelo Poder Executivo federal, em formato aberto e interoperável, nos termos do regulamento do Poder Executivo federal. (Incluído pela Lei nº 14.129, de 2021) (Vigência) [...]

LEI DOS PRODUTOS FRACIONADOS – LEI Nº 13.175, DE 21 DE OUTUBRO DE 2015

Art. 1º A Lei nº 10.962, de 11 de outubro de 2004, passa a vigorar acrescida do seguinte art. 2º -A:

> "Art. 2º A Na venda a varejo de produtos fracionados em pequenas quantidades, o comerciante deverá informar, na etiqueta contendo o preço ou junto aos itens expostos, além do preço do produto à vista, o preço correspondente a uma das seguintes unidades fundamentais de medida: capacidade, massa, volume, comprimento ou área, de acordo com a forma habitual de comercialização de cada tipo de produto. Parágrafo único. O disposto neste artigo não se aplica à comercialização de medicamentos." […]

LEI DA MEIA-ENTRADA PELA INTERNET – LEI Nº 13.179, DE 22 DE OUTUBRO DE 2015

Art. 1º O fornecedor de ingresso para evento cultural pela internet é obrigado a tornar disponível a venda de meia-entrada por esse veículo.

Art. 2º A comprovação da situação de beneficiário da meia-entrada dar-se-á por ocasião do ingresso ao evento cultural, mediante a apresentação da documentação exigida.

§1º O fornecedor deverá informar, de forma clara e inequívoca, antes de consumada a venda, quais documentos serão reconhecidos para comprovação do direito ao benefício da meia-entrada.

§2º As informações previstas no §1º também deverão ser afixadas em local visível, na entrada do evento.

§3º A impossibilidade de comprovação do direito ao benefício, de acordo com as informações divulgadas na forma dos §§1º e 2º, implica a perda do ingresso pelo consumidor, resguardado seu direito de complementar o pagamento do ingresso em seu valor integral.

§4º Na falta das informações anunciadas na forma dos §§1º e 2º, o consumidor prejudicado terá direito à devolução imediata do valor pago, sem prejuízo de eventual indenização por perdas e danos.

Art. 3º A desobediência ao disposto nesta Lei sujeita o infrator às sanções previstas na Lei nº 8.078, de 11 de setembro de 1990, que dispõe sobre a proteção do consumidor e dá outras providências.

ESTATUTO DA PESSOA COM DEFICIÊNCIA – LEI Nº 13.146, DE 6 DE JULHO DE 2015

TÍTULO II

DOS DIREITOS FUNDAMENTAIS

[...]

CAPÍTULO III

DO DIREITO À SAÚDE

[...]

Art. 20. As operadoras de planos e seguros privados de saúde são obrigadas a garantir à pessoa com deficiência, no mínimo, todos os serviços e produtos ofertados aos demais clientes.

Dentro do mercado de saúde suplementar brasileiro, há inúmeras questões conflituosas envolvendo as operadoras de Plano de Assistência à Saúde e seus usuários, sendo que não raro as discordâncias desaguam nos tribunais.

Nessa matéria, um grupo de usuários especialmente vulnerável são as pessoas com deficiência. Isto porque esses pacientes enfrentam barreiras adicionais no acesso aos serviços médicos em virtude de limites a tratamentos impostos por operadoras de planos de saúde.

Sabe-se que esses limites existem para controlar os custos e garantir a sustentabilidade dos planos. No entanto, tais restrições podem prejudicar as pessoas com deficiência, que muitas vezes necessitam de cuidados médicos especializados e de longo prazo.

Um problema recorrente é a limitação da quantidade de terapias e sessões permitidas para certos tipos de tratamentos, como fisioterapia, terapia ocupacional e fonoaudiologia.

Outro problema são os tratamentos considerados "experimentais", normalmente terapias e/ou procedimentos inovadores, que poderiam beneficiar os pacientes, mas que ficam fora do escopo do que é coberto pelos planos.

Ocorre que muitas condições de deficiência requerem intervenções contínuas, de longo prazo e desafiam o uso de inovações, motivo pelo qual a imposição de limites pode impedir o progresso e a reabilitação plena.

Abordando a referida problemática, promulgou-se lei no estado do Mato Grosso que determinava que as empresas de seguro-saúde, empresas de medicina de grupo, cooperativas de trabalho médico ou outras que atuam sob a forma de prestação direta ou intermediação dos serviços médico-hospitalares estariam obrigadas a garantir o atendimento integral e fornecer o tratamento adequado às pessoas com deficiência.

Nada obstante a pertinência da determinação legal, o Supremo Tribunal Federal fixou tese contrária ao seu conteúdo, estabelecendo que "é inconstitucional, por violação à competência da União para legislar sobre direito civil e seguros (CF/1988, art. 22, I e VII), lei estadual que estabelece obrigações contratuais para operadoras de planos de saúde."

Para a Corte Suprema, compete exclusivamente à União regular o mercado de planos de saúde, o que inclui a normatização da matéria (CF/1988, art. 22, VII), bem como toda a fiscalização do setor (CF/1988, art. 21, VIII).

Nesse contexto, é inconstitucional lei estadual que interfere na regulação dos planos de saúde, mais especificamente na relação jurídica entre as suas operadoras e usuários, haja vista já existir vasta normatização federal, seja pela Lei nº 9.656/1998 ou pelas resoluções da ANS que regulam o rol de procedimentos e eventos em saúde.

No mesmo sentido foi o pronunciamento do Supremo em relação a lei do estado do Rio de Janeiro que vedava operadoras de plano de saúde a limitarem consultas e sessões para tratamento de pessoas com deficiência.

Nesse caso, os Ministros concluíram que as obrigações referentes a serviços de assistência médico-hospitalar são regidas por contratos de natureza privada, razão pela qual são matérias atinentes ao direito civil e à política de seguros, de modo que apenas a União poderia legislar a respeito do assunto.

(Sobre o tema: ADI 7.208/MT e ADI 7172/RJ)

Art. 21. Quando esgotados os meios de atenção à saúde da pessoa com deficiência no local de residência, será prestado atendimento fora de domicílio, para fins de diagnóstico e de tratamento, garantidos o transporte e a acomodação da pessoa com deficiência e de seu acompanhante.

Art. 22. À pessoa com deficiência internada ou em observação é assegurado o direito a acompanhante ou a atendente pessoal, devendo o órgão ou a instituição de saúde proporcionar condições adequadas para sua permanência em tempo integral.

§1º Na impossibilidade de permanência do acompanhante ou do atendente pessoal junto à pessoa com deficiência, cabe ao profissional de saúde responsável pelo tratamento justificá-la por escrito.

§2º Na ocorrência da impossibilidade prevista no §1º deste artigo, o órgão ou a instituição de saúde deve adotar as providências cabíveis para suprir a ausência do acompanhante ou do atendente pessoal.

Art. 23. São vedadas todas as formas de discriminação contra a pessoa com deficiência, inclusive por meio de cobrança de valores diferenciados por planos e seguros privados de saúde, em razão de sua condição.

Art. 24. É assegurado à pessoa com deficiência o acesso aos serviços de saúde, tanto públicos como privados, e às informações prestadas e recebidas, por meio de recursos de tecnologia assistiva e de todas as formas de comunicação previstas no inciso V do art. 3º desta Lei. [...]

CAPÍTULO IV
DO DIREITO À EDUCAÇÃO

[...]

Art. 28. Incumbe ao poder público assegurar, criar, desenvolver, implementar, incentivar, acompanhar e avaliar:

I – sistema educacional inclusivo em todos os níveis e modalidades, bem como o aprendizado ao longo de toda a vida;

II – aprimoramento dos sistemas educacionais, visando a garantir condições de acesso, permanência, participação e aprendizagem, por meio da oferta de serviços e de recursos de acessibilidade que eliminem as barreiras e promovam a inclusão plena;

III – projeto pedagógico que institucionalize o atendimento educacional especializado, assim como os demais serviços e adaptações razoáveis, para atender às características dos estudantes com deficiência e garantir o seu pleno acesso ao currículo em condições de igualdade, promovendo a conquista e o exercício de sua autonomia;

IV – oferta de educação bilíngue, em Libras como primeira língua e na modalidade escrita da língua portuguesa como segunda língua, em escolas e classes bilíngues e em escolas inclusivas;

V – adoção de medidas individualizadas e coletivas em ambientes que maximizem o desenvolvimento acadêmico e social dos estudantes com deficiência, favorecendo o acesso, a permanência, a participação e a aprendizagem em instituições de ensino;

VI – pesquisas voltadas para o desenvolvimento de novos métodos e técnicas pedagógicas, de materiais didáticos, de equipamentos e de recursos de tecnologia assistiva;

VII – planejamento de estudo de caso, de elaboração de plano de atendimento educacional especializado, de organização de recursos e serviços de acessibilidade e de disponibilização e usabilidade pedagógica de recursos de tecnologia assistiva;

VIII – participação dos estudantes com deficiência e de suas famílias nas diversas instâncias de atuação da comunidade escolar;

IX – adoção de medidas de apoio que favoreçam o desenvolvimento dos aspectos linguísticos, culturais, vocacionais e profissionais, levando-se em conta o talento, a criatividade, as habilidades e os interesses do estudante com deficiência;

X – adoção de práticas pedagógicas inclusivas pelos programas de formação inicial e continuada de professores e oferta de formação continuada para o atendimento educacional especializado;

XI – formação e disponibilização de professores para o atendimento educacional especializado, de tradutores e intérpretes da Libras, de guias intérpretes e de profissionais de apoio;

XII – oferta de ensino da Libras, do Sistema Braille e de uso de recursos de tecnologia assistiva, de forma a ampliar habilidades funcionais dos estudantes, promovendo sua autonomia e participação;

XIII – acesso à educação superior e à educação profissional e tecnológica em igualdade de oportunidades e condições com as demais pessoas;

XIV – inclusão em conteúdos curriculares, em cursos de nível superior e de educação profissional técnica e tecnológica, de temas relacionados à pessoa com deficiência nos respectivos campos de conhecimento;

XV – acesso da pessoa com deficiência, em igualdade de condições, a jogos e a atividades recreativas, esportivas e de lazer, no sistema escolar;

XVI – acessibilidade para todos os estudantes, trabalhadores da educação e demais integrantes da comunidade escolar às edificações, aos ambientes e às atividades concernentes a todas as modalidades, etapas e níveis de ensino;

XVII – oferta de profissionais de apoio escolar;

XVIII – articulação intersetorial na implementação de políticas públicas.

§1º Às instituições privadas, de qualquer nível e modalidade de ensino, aplica-se obrigatoriamente o disposto nos incisos I, II, III, V, VII, VIII, IX, X, XI, XII, XIII, XIV, XV, XVI, XVII e XVIII do *caput* deste artigo, sendo vedada a cobrança de valores adicionais de qualquer natureza em suas mensalidades, anuidades e matrículas no cumprimento dessas determinações. [...]

Art. 52. As locadoras de veículos são obrigadas a oferecer 1 (um) veículo adaptado para uso de pessoa com deficiência, a cada conjunto de 20 (vinte) veículos de sua frota. (Vide Decreto nº 9.762, de 2019) (Vigência)

Parágrafo único. O veículo adaptado deverá ter, no mínimo, câmbio automático, direção hidráulica, vidros elétricos e comandos manuais de freio e de embreagem. [...]

LEI DA VENDA DE VEÍCULOS – LEI Nº 13.111, DE 25 DE MARÇO DE 2015

Art. 1º Esta Lei dispõe sobre a obrigatoriedade de os empresários que comercializam veículos automotores, novos ou usados, informarem ao comprador:
I – o valor dos tributos incidentes sobre a comercialização do veículo;
II – a situação de regularidade do veículo quanto a:
a) furto;
b) multas e taxas anuais legalmente devidas;
c) débitos de impostos;
d) alienação fiduciária; ou
e) quaisquer outros registros que limitem ou impeçam a circulação do veículo.
Art. 2º Os empresários que comercializam veículos automotores, novos ou usados, são obrigados a informar ao comprador a situação de regularidade do veículo junto às autoridades policiais, de trânsito e fazendária das unidades da Federação onde o veículo for registrado e estiver sendo comercializado, relativa a:
I – furto;
II – multas e taxas anuais legalmente devidas;
III – débitos quanto ao pagamento de impostos;
IV – alienação fiduciária; ou
V – quaisquer outros registros que limitem ou impeçam a circulação do veículo.
Parágrafo único. No contrato de compra e venda assinado entre vendedor e comprador devem constar cláusulas contendo informações sobre a natureza e o valor dos tributos incidentes sobre a comercialização do veículo, bem como sobre a situação de regularidade em que se encontra o bem quanto às eventuais restrições previstas no caput.
Art. 3º O descumprimento do disposto nesta Lei implica a obrigação de os empresários que comercializam veículos automotores, novos ou usados, arcarem com:

I – o pagamento do valor correspondente ao montante dos tributos, taxas, emolumentos e multas incidentes sobre o veículo e existentes até o momento da aquisição do bem pelo comprador;

II – a restituição do valor integral pago pelo comprador, no caso de o veículo ter sido objeto de furto.

Parágrafo único. As sanções previstas neste artigo serão aplicadas sem prejuízo das demais sanções previstas na Lei nº 8.078, de 11 de setembro de 1990.

MARCO CIVIL DA INTERNET – LEI Nº 12.965, DE 23 DE ABRIL DE 2014

[...]
Art. 2º A disciplina do uso da internet no Brasil tem como fundamento o respeito à liberdade de expressão, bem como:
I – o reconhecimento da escala mundial da rede;
II – os direitos humanos, o desenvolvimento da personalidade e o exercício da cidadania em meios digitais;
III – a pluralidade e a diversidade;
IV – a abertura e a colaboração;
V – a livre iniciativa, a livre concorrência e a defesa do consumidor; e
VI – a finalidade social da rede. [...]

Art. 7º O acesso à internet é essencial ao exercício da cidadania, e ao usuário são assegurados os seguintes direitos:
I – inviolabilidade da intimidade e da vida privada, sua proteção e indenização pelo dano material ou moral decorrente de sua violação;
II – inviolabilidade e sigilo do fluxo de suas comunicações pela internet, salvo por ordem judicial, na forma da lei;
III – inviolabilidade e sigilo de suas comunicações privadas armazenadas, salvo por ordem judicial;
IV – não suspensão da conexão à internet, salvo por débito diretamente decorrente de sua utilização;
V – manutenção da qualidade contratada da conexão à internet;
VI – informações claras e completas constantes dos contratos de prestação de serviços, com detalhamento sobre o regime de proteção aos registros de conexão e aos registros de acesso a aplicações de internet, bem como sobre práticas de gerenciamento da rede que possam afetar sua qualidade;
VII – não fornecimento a terceiros de seus dados pessoais, inclusive registros de conexão, e de acesso a aplicações de internet, salvo mediante consentimento livre, expresso e informado ou nas hipóteses previstas em lei;

VIII – informações claras e completas sobre coleta, uso, armazenamento, tratamento e proteção de seus dados pessoais, que somente poderão ser utilizados para finalidades que:
a) justifiquem sua coleta;
b) não sejam vedadas pela legislação; e
c) estejam especificadas nos contratos de prestação de serviços ou em termos de uso de aplicações de internet;
IX – consentimento expresso sobre coleta, uso, armazenamento e tratamento de dados pessoais, que deverá ocorrer de forma destacada das demais cláusulas contratuais;
X – exclusão definitiva dos dados pessoais que tiver fornecido a determinada aplicação de internet, a seu requerimento, ao término da relação entre as partes, ressalvadas as hipóteses de guarda obrigatória de registros previstas nesta Lei e na que dispõe sobre a proteção de dados pessoais; (Redação dada pela Lei nº 13.709, de 2018) (Vigência)
XI – publicidade e clareza de eventuais políticas de uso dos provedores de conexão à internet e de aplicações de internet;
XII – acessibilidade, consideradas as características físico-motoras, perceptivas, sensoriais, intelectuais e mentais do usuário, nos termos da lei; e
XIII – aplicação das normas de proteção e defesa do consumidor nas relações de consumo realizadas na internet.

LEI DA MEIA ENTRADA – LEI Nº 12.933, DE 26 DE DEZEMBRO DE 2013

Art. 1º É assegurado aos estudantes o acesso a salas de cinema, cineclubes, teatros, espetáculos musicais e circenses e eventos educativos, esportivos, de lazer e de entretenimento, em todo o território nacional, promovidos por quaisquer entidades e realizados em estabelecimentos públicos ou particulares, mediante pagamento da metade do preço do ingresso efetivamente cobrado do público em geral.
§1º O benefício previsto no caput não será cumulativo com quaisquer outras promoções e convênios e, também, não se aplica ao valor dos serviços adicionais eventualmente oferecidos em camarotes, áreas e cadeiras especiais. [...]
§8º Também farão jus ao benefício da meia-entrada as pessoas com deficiência, inclusive seu acompanhante quando necessário, sendo que este terá idêntico benefício no evento em que comprove estar nesta condição, na forma do regulamento.
§9º Também farão jus ao benefício da meia-entrada os jovens de 15 a 29 anos de idade de baixa renda, inscritos no Cadastro Único para Programas Sociais do Governo Federal (CadÚnico) e cuja renda familiar mensal seja de até 2 (dois) salários mínimos, na forma do regulamento.
§10. A concessão do direito ao benefício da meia-entrada é assegurada em 40% (quarenta por cento) do total dos ingressos disponíveis para cada evento. [...]

Art. 2º O cumprimento do percentual de que trata o §10 do art. 1º será aferido por meio de instrumento de controle que faculte ao público o acesso a informações atualizadas referentes ao quantitativo de ingressos de meia-entrada disponíveis para cada sessão.
§1º As produtoras dos eventos deverão disponibilizar:
I – o número total de ingressos e o número de ingressos disponíveis aos usuários da meia-entrada, em todos os pontos de venda de ingressos, de forma visível e clara;

II – o aviso de que houve o esgotamento dos ingressos disponíveis aos usuários da meia-entrada em pontos de venda de ingressos, de forma visível e clara, quando for o caso.

ESTATUTO DA JUVENTUDE – LEI Nº 12.852, DE 5 DE AGOSTO DE 2013

[...]
Art. 23. É assegurado aos jovens de até 29 (vinte e nove) anos pertencentes a famílias de baixa renda e aos estudantes, na forma do regulamento, o acesso a salas de cinema, cineclubes, teatros, espetáculos musicais e circenses, eventos educativos, esportivos, de lazer e entretenimento, em todo o território nacional, promovidos por quaisquer entidades e realizados em estabelecimentos públicos ou particulares, mediante pagamento da metade do preço do ingresso cobrado do público em geral. (Regulamento) (Vigência) [...]
§10. A concessão do benefício da meia-entrada de que trata o caput é limitada a 40% (quarenta por cento) do total de ingressos disponíveis para cada evento.

DECRETO DO COMÉRCIO ELETRÔNICO – DECRETO Nº 7.962, DE 15 DE MARÇO DE 2013

Art. 1º Este Decreto regulamenta a Lei nº 8.078, de 11 de setembro de 1990, para dispor sobre a contratação no comércio eletrônico, abrangendo os seguintes aspectos:
I – informações claras a respeito do produto, serviço e do fornecedor;
II – atendimento facilitado ao consumidor; e
III – respeito ao direito de arrependimento.
Art. 2º Os sítios eletrônicos ou demais meios eletrônicos utilizados para oferta ou conclusão de contrato de consumo devem disponibilizar, em local de destaque e de fácil visualização, as seguintes informações:
I – nome empresarial e número de inscrição do fornecedor, quando houver, no Cadastro Nacional de Pessoas Físicas ou no Cadastro Nacional de Pessoas Jurídicas do Ministério da Fazenda;
II – endereço físico e eletrônico, e demais informações necessárias para sua localização e contato;
III – características essenciais do produto ou do serviço, incluídos os riscos à saúde e à segurança dos consumidores;
IV – discriminação, no preço, de quaisquer despesas adicionais ou acessórias, tais como as de entrega ou seguros;
V – condições integrais da oferta, incluídas modalidades de pagamento, disponibilidade, forma e prazo da execução do serviço ou da entrega ou disponibilização do produto; e
VI – informações claras e ostensivas a respeito de quaisquer restrições à fruição da oferta.
Art. 3º Os sítios eletrônicos ou demais meios eletrônicos utilizados para ofertas de compras coletivas ou modalidades análogas de contratação deverão conter, além das informações previstas no art. 2º, as seguintes:
I – quantidade mínima de consumidores para a efetivação do contrato;

II – prazo para utilização da oferta pelo consumidor; e
III – identificação do fornecedor responsável pelo sítio eletrônico e do fornecedor do produto ou serviço ofertado, nos termos dos incisos I e II do art. 2º.
Art. 4º Para garantir o atendimento facilitado ao consumidor no comércio eletrônico, o fornecedor deverá:
I – apresentar sumário do contrato antes da contratação, com as informações necessárias ao pleno exercício do direito de escolha do consumidor, enfatizadas as cláusulas que limitem direitos;
I – fornecer ferramentas eficazes ao consumidor para identificação e correção imediata de erros ocorridos nas etapas anteriores à finalização da contratação;
III – confirmar imediatamente o recebimento da aceitação da oferta;
IV – disponibilizar o contrato ao consumidor em meio que permita sua conservação e reprodução, imediatamente após a contratação;
V – manter serviço adequado e eficaz de atendimento em meio eletrônico, que possibilite ao consumidor a resolução de demandas referentes a informação, dúvida, reclamação, suspensão ou cancelamento do contrato;
VI – confirmar imediatamente o recebimento d as demandas do consumidor referidas no inciso, pelo mesmo meio empregado pelo consumidor ; e
VII – utilizar mecanismos de segurança eficazes para pagamento e para tratamento de dados do consumidor.
Parágrafo único. A manifestação do fornecedor às demandas previstas no inciso V do *caput* será encaminhada em até cinco dias ao consumidor.
Art. 5º O fornecedor deve informar, de forma clara e ostensiva, os meios adequados e eficazes para o exercício do direito de arrependimento pelo consumidor.
§1º O consumidor poderá exercer seu direito de arrependimento pela mesma ferramenta utilizada para a contratação, sem prejuízo de outros meios disponibilizados.
§2º O exercício do direito de arrependimento implica a rescisão dos contratos acessórios, sem qualquer ônus para o consumidor.
§3º O exercício do direito de arrependimento será comunicado imediatamente pelo fornecedor à instituição financeira ou à administradora do cartão de crédito ou similar, para que:

I – a transação não seja lançada na fatura do consumidor; ou
II – seja efetivado o estorno do valor, caso o lançamento na fatura já tenha sido realizado.
§4º O fornecedor deve enviar ao consumidor confirmação imediata do recebimento da manifestação de arrependimento.
Art. 6º As contratações no comércio eletrônico deverão observar o cumprimento das condições da oferta, com a entrega dos produtos e serviços contratados, observados prazos, quantidade, qualidade e adequação. [...]

LEI DA TRANSPARÊNCIA DOS TRIBUTOS – LEI Nº 12.741, DE 8 DE DEZEMBRO DE 2012

Art. 1º Emitidos por ocasião da venda ao consumidor de mercadorias e serviços, em todo território nacional, deverá constar, dos documentos fiscais ou equivalentes, a informação do valor aproximado correspondente à totalidade dos tributos federais, estaduais e municipais, cuja incidência influi na formação dos respectivos preços de venda.

§1º A apuração do valor dos tributos incidentes deverá ser feita em relação a cada mercadoria ou serviço, separadamente, inclusive nas hipóteses de regimes jurídicos tributários diferenciados dos respectivos fabricantes, varejistas e prestadores de serviços, quando couber.

§2º A informação de que trata este artigo poderá constar de painel afixado em local visível do estabelecimento, ou por qualquer outro meio eletrônico ou impresso, de forma a demonstrar o valor ou percentual, ambos aproximados, dos tributos incidentes sobre todas as mercadorias ou serviços postos à venda.

§3º Na hipótese do §2º, as informações a serem prestadas serão elaboradas em termos de percentuais sobre o preço a ser pago, quando se tratar de tributo com alíquota ad valorem, ou em valores monetários (no caso de alíquota específica); no caso de se utilizar meio eletrônico, este deverá estar disponível ao consumidor no âmbito do estabelecimento comercial.

§4º (VETADO).

§5º Os tributos que deverão ser computados são os seguintes:

I – Imposto sobre Operações relativas a Circulação de Mercadorias e sobre Prestações de Serviços de Transporte Interestadual e Intermunicipal e de Comunicação (ICMS);

II – Imposto sobre Serviços de Qualquer Natureza (ISS);

III – Imposto sobre Produtos Industrializados (IPI);

IV – Imposto sobre Operações de Crédito, Câmbio e Seguro, ou Relativas a Títulos ou Valores Mobiliários (IOF);
V – (VETADO);
VI – (VETADO);
VII – Contribuição Social para o Programa de Integração Social (PIS) e para o Programa de Formação do Patrimônio do Servidor Público (Pasep) – (PIS/Pasep);
VIII – Contribuição para o Financiamento da Seguridade Social (Cofins);
IX – Contribuição de Intervenção no Domínio Econômico, incidente sobre a importação e a comercialização de petróleo e seus derivados, gás natural e seus derivados, e álcool etílico combustível (Cide). [...]

LEI DO SCORE DE CRÉDITO – LEI Nº 12.414, DE 9 DE JUNHO DE 2011

Art. 1º Esta Lei disciplina a formação e consulta a bancos de dados com informações de adimplemento, de pessoas naturais ou de pessoas jurídicas, para formação de histórico de crédito, sem prejuízo do disposto na Lei nº 8.078, de 11 de setembro de 1990 – Código de Proteção e Defesa do Consumidor.
Parágrafo único. Os bancos de dados instituídos ou mantidos por pessoas jurídicas de direito público interno serão regidos por legislação específica. [...]
Art. 5º São direitos do cadastrado:
I – obter o cancelamento ou a reabertura do cadastro, quando solicitado; (Redação dada pela Lei Complementar nº 166, de 2019) (Vigência)
II – acessar gratuitamente, independentemente de justificativa, as informações sobre ele existentes no banco de dados, inclusive seu histórico e sua nota ou pontuação de crédito, cabendo ao gestor manter sistemas seguros, por telefone ou por meio eletrônico, de consulta às informações pelo cadastrado; (Redação dada pela Lei Complementar nº 166, de 2019) (Vigência)
III – solicitar a impugnação de qualquer informação sobre ele erroneamente anotada em banco de dados e ter, em até 10 (dez) dias, sua correção ou seu cancelamento em todos os bancos de dados que compartilharam a informação; (Redação dada pela Lei Complementar nº 166, de 2019) (Vigência)
IV – conhecer os principais elementos e critérios considerados para a análise de risco, resguardado o segredo empresarial;
V – ser informado previamente sobre a identidade do gestor e sobre o armazenamento e o objetivo do tratamento dos dados pessoais; (Redação dada pela Lei Complementar nº 166, de 2019) (Vigência)
VI – solicitar ao consulente a revisão de decisão realizada exclusivamente por meios automatizados; e

VII – ter os seus dados pessoais utilizados somente de acordo com a finalidade para a qual eles foram coletados.
§1º (VETADO).
§2º (VETADO).
§3º O prazo para disponibilização das informações de que tratam os incisos II e IV do caput deste artigo será de 10 (dez) dias. [...]
Art. 6º Ficam os gestores de bancos de dados obrigados, quando solicitados, a fornecer ao cadastrado:
I – todas as informações sobre ele constantes de seus arquivos, no momento da solicitação;
II – indicação das fontes relativas às informações de que trata o inciso I, incluindo endereço e telefone para contato;
III – indicação dos gestores de bancos de dados com os quais as informações foram compartilhadas;
IV – indicação de todos os consulentes que tiveram acesso a qualquer informação sobre ele nos 6 (seis) meses anteriores à solicitação; (Redação dada pela Lei Complementar nº 166, de 2019) (Vigência)
V – cópia de texto com o sumário dos seus direitos, definidos em lei ou em normas infralegais pertinentes à sua relação com gestores, bem como a lista dos órgãos governamentais aos quais poderá ele recorrer, caso considere que esses direitos foram infringidos; e (Redação dada pela Lei Complementar nº 166, de 2019) (Vigência)
VI – confirmação de cancelamento do cadastro. (Incluído pela Lei Complementar nº 166, de 2019) (Vigência)
§1º É vedado aos gestores de bancos de dados estabelecerem políticas ou realizarem operações que impeçam, limitem ou dificultem o acesso do cadastrado previsto no inciso II do art. 5º.
§2º O prazo para atendimento das informações de que tratam os incisos II, III, IV e V do caput deste artigo será de 10 (dez) dias. [...]

LEI DO EXEMPLAR DO CDC – LEI Nº 12.291, DE 20 DE JULHO DE 2010

Art. 1º São os estabelecimentos comerciais e de prestação de serviços obrigados a manter, em local visível e de fácil acesso ao público, 1 (um) exemplar do Código de Defesa do Consumidor.

Art. 2º O não cumprimento do disposto nesta Lei implicará as seguintes penalidades, a serem aplicadas aos infratores pela autoridade administrativa no âmbito de sua atribuição:

I – multa no montante de até R$1.064,10 (mil e sessenta e quatro reais e dez centavos); […]

MARCO LEGAL DO SANEAMENTO BÁSICO – LEI Nº 11.445, DE 5 DE JANEIRO DE 2007

[...]

Art. 11-A. Na hipótese de prestação dos serviços públicos de saneamento básico por meio de contrato, o prestador de serviços poderá, além de realizar licitação e contratação de parceria público-privada, nos termos da Lei nº 11.079, de 30 de dezembro de 2004, e desde que haja previsão contratual ou autorização expressa do titular dos serviços, subdelegar o objeto contratado, observado, para a referida subdelegação, o limite de 25% (vinte e cinco por cento) do valor do contrato. (Redação pela Lei nº 14.026, de 2020)

§1º A subdelegação fica condicionada à comprovação técnica, por parte do prestador de serviços, do benefício em termos de eficiência e qualidade dos serviços públicos de saneamento básico. (Redação pela Lei nº 14.026, de 2020)

§2º Os contratos de subdelegação disporão sobre os limites da sub-rogação de direitos e obrigações do prestador de serviços pelo subdelegatário e observarão, no que couber, o disposto no §2º do art. 11 desta Lei, bem como serão precedidos de procedimento licitatório. (Redação pela Lei nº 14.026, de 2020)

§3º Para a observância do princípio da modicidade tarifária aos usuários e aos consumidores, na forma da Lei nº 8.987, de 13 de fevereiro de 1995, ficam vedadas subconcessões ou subdelegações que impliquem sobreposição de custos administrativos ou gerenciais a serem pagos pelo usuário final. (Incluído pela Lei nº 14.026, de 2020)

LEI DA AFIXAÇÃO DOS PREÇOS – LEI Nº 10.962, DE 11 DE OUTUBRO DE 2004

Art. 1º Esta Lei regula as condições de oferta e afixação de preços de bens e serviços para o consumidor.
Art. 2º São admitidas as seguintes formas de afixação de preços em vendas a varejo para o consumidor:
I – no comércio em geral, por meio de etiquetas ou similares afixados diretamente nos bens expostos à venda, e em vitrines, mediante divulgação do preço à vista em caracteres legíveis;
II – em auto-serviços, supermercados, hipermercados, mercearias ou estabelecimentos comerciais onde o consumidor tenha acesso direto ao produto, sem intervenção do comerciante, mediante a impressão ou afixação do preço do produto na embalagem, ou a afixação de código referencial, ou ainda, com a afixação de código de barras.
III – no comércio eletrônico, mediante divulgação ostensiva do preço à vista, junto à imagem do produto ou descrição do serviço, em caracteres facilmente legíveis com tamanho de fonte não inferior a doze. (Incluído pela Lei nº 13.543, de 2017)
Parágrafo único. Nos casos de utilização de código referencial ou de barras, o comerciante deverá expor, de forma clara e legível, junto aos itens expostos, informação relativa ao preço à vista do produto, suas características e código.
Art. 2º A Na venda a varejo de produtos fracionados em pequenas quantidades, o comerciante deverá informar, na etiqueta contendo o preço ou junto aos itens expostos, além do preço do produto à vista, o preço correspondente a uma das seguintes unidades fundamentais de medida: capacidade, massa, volume, comprimento ou área, de acordo com a forma habitual de comercialização de cada tipo de produto. (Incluído pela Lei nº 13.175, de 2015)
Parágrafo único. O disposto neste artigo não se aplica à comercialização de medicamentos. (Incluído pela Lei nº 13.175, de 2015)
Art. 3º Na impossibilidade de afixação de preços conforme disposto no art. 2º, é permitido o uso de relações de preços dos produtos

expostos, bem como dos serviços oferecidos, de forma escrita, clara e acessível ao consumidor.

Art. 4º Nos estabelecimentos que utilizem código de barras para apreçamento, deverão ser oferecidos equipamentos de leitura ótica para consulta de preço pelo consumidor, localizados na área de vendas e em outras de fácil acesso.

§1º O regulamento desta Lei definirá, observados, dentre outros critérios ou fatores, o tipo e o tamanho do estabelecimento e a quantidade e a diversidade dos itens de bens e serviços, a área máxima que deverá ser atendida por cada leitora ótica.

§2º Para os fins desta Lei, considera-se área de vendas aquela na qual os consumidores têm acesso às mercadorias e serviços oferecidos para consumo no varejo, dentro do estabelecimento.

Art. 5º No caso de divergência de preços para o mesmo produto entre os sistemas de informação de preços utilizados pelo estabelecimento, o consumidor pagará o menor dentre eles.

Art. 5º-A. O fornecedor deve informar, em local e formato visíveis ao consumidor, eventuais descontos oferecidos em função do prazo ou do instrumento de pagamento utilizado. (Incluído pela Lei nº 13.455, de 2017)

Parágrafo único. Aplicam-se às infrações a este artigo as sanções previstas na Lei nº 8.078, de 11 de setembro de 1990. (Incluído pela Lei nº 13.455, de 2017) [...]

ESTATUTO DA PESSOA IDOSA – LEI Nº 10.741, DE 1º DE OUTUBRO DE 2003

TÍTULO II
Dos Direitos Fundamentais
[...]
CAPÍTULO V
Da Educação, Cultura, Esporte e Lazer

[...]

Art. 23. A participação das pessoas idosas em atividades culturais e de lazer será proporcionada mediante descontos de pelo menos 50% (cinquenta por cento) nos ingressos para eventos artísticos, culturais, esportivos e de lazer, bem como o acesso preferencial aos respectivos locais. (Redação dada pela Lei nº 14.423, de 2022)

[...]

Como se sabe, o envelhecimento pode ser acompanhado por mudanças significativas na estrutura familiar e social de um indivíduo, levando a situações de isolamento e solidão.

Por outro lado, não se pode ignorar que o envelhecimento populacional é uma tendência global, a qual, por ser inexorável, exige uma adaptação coletiva para permitir condições adequadas de bem-estar e qualidade de vida aos idosos.

Vislumbrando essa necessidade, a legislação federal criou, no formato das ações afirmativas, mecanismos de incentivo à participação da população idosa em atividades culturais e de lazer.

Diversos municípios, por sua vez, também fizeram o mesmo; esbarrando, entretanto, no controle de constitucionalidade do Supremo Tribunal Federal.

Exemplo disso pode ser verificado em lei municipal que estabeleceu gratuidade plena de acesso às salas de cinema para todos os idosos de segunda a sexta-feira.

Referida lei foi submetida ao crivo da Corte constitucional e esta se pronunciou no sentido de sua inconstitucionalidade.

Sobre o tema, ressaltaram os Ministros que o poder legislativo municipal possui competência para suplementar a legislação federal e estadual no que couber (CF/1988, art. 30, II); todavia, faz-se necessário que haja algum elemento específico da localidade que justifique a disciplina diferenciada.

Assim sendo, como já existe lei federal criando especificamente ação afirmativa em favor das pessoas idosas para incentivar seu acesso a eventos artísticos, culturais, esportivos e de lazer, não haveria justifica plausível para a suplementação municipal.

(Sobre o tema: ARE 1307028 AgR/SP)

ESTATUTO DE DEFESA DO TORCEDOR – LEI Nº 10.671, DE 15 DE MAIO DE 2003

[...]

Art. 40. A defesa dos interesses e direitos dos torcedores em juízo observará, no que couber, a mesma disciplina da defesa dos consumidores em juízo de que trata o Título III da Lei no 8.078, de 11 de setembro de 1990.

Art. 41. A União, os Estados, o Distrito Federal e os Municípios promoverão a defesa do torcedor, e, com a finalidade de fiscalizar o cumprimento do disposto nesta Lei, poderão:

I – constituir órgão especializado de defesa do torcedor; ou

II – atribuir a promoção e defesa do torcedor aos órgãos de defesa do consumidor.

DIA DO CONSUMIDOR –
LEI Nº 10.504, DE 8 DE JULHO DE 2002

Art. 1º É instituído o Dia Nacional do Consumidor, que será comemorado, anualmente, no dia 15 de março.

Art. 2º Os órgãos federais, estaduais e municipais de defesa do consumidor promoverão festividades, debates, palestras e outros eventos, com vistas a difundir os direitos do consumidor. [...]

LEI DO BLOQUEIO DE PROGRAMAÇÃO – LEI Nº 10.359, DE 27 DE DEZEMBRO DE 2001

Art. 1º Os aparelhos de televisão produzidos no território nacional deverão dispor, obrigatoriamente, de dispositivo eletrônico que permita ao usuário bloquear a recepção de programas transmitidos pelas emissoras, concessionárias e permissionárias de serviços de televisão, inclusive por assinatura e a cabo, mediante:
I – a utilização de código alfanumérico, de forma previamente programada; ou
II – o reconhecimento de código ou sinal, transmitido juntamente com os programas que contenham cenas de sexo ou violência.
Art. 2º É vedada a comercialização de aparelhos de televisão fabricados no Brasil após a entrada em vigor desta Lei ou importados a partir da mesma data que não disponham do dispositivo bloqueador referido no artigo anterior.
Parágrafo único. O Poder Executivo estabelecerá as condições e medidas de estímulo para que os atuais televisores existentes no mercado e os que serão comercializados até a entrada em vigor desta Lei venham a dispor do dispositivo eletrônico de bloqueio a que se refere o art. 1º.
Art. 3º Competirá ao Poder Executivo, ouvidas as entidades representativas das emissoras especificadas no art. 1º, proceder à classificação indicativa dos programas de televisão.
Parágrafo único. A classificação indicativa de que trata o *caput* abrangerá, obrigatoriamente, a identificação dos programas que contenham cenas de sexo ou violência.
Art. 4º As emissoras de televisão aberta e as operadoras de televisão por assinatura e a cabo deverão transmitir, juntamente com os programas que contenham cenas de sexo ou violência, sinal que permita seu reconhecimento pelo dispositivo especificado no inciso II do art. 1º desta Lei.

Art. 5º As emissoras de televisão aberta e as operadoras de televisão por assinatura e a cabo deverão divulgar previamente suas programações, indicando de forma clara os horários e canais de exibição dos programas que contiverem cenas de sexo ou violência, nos termos do parágrafo único do art. 3º desta Lei. [...]

LEI DE EMOLUMENTOS – LEI Nº 10.169, DE 29 DE DEZEMBRO DE 2000

[...]
Art. 3º É vedado:
I – (VETADO)
II – fixar emolumentos em percentual incidente sobre o valor do negócio jurídico objeto dos serviços notariais e de registro;
III – cobrar das partes interessadas quaisquer outras quantias não expressamente previstas nas tabelas de emolumentos;
IV – cobrar emolumentos em decorrência da prática de ato de retificação ou que teve de ser refeito ou renovado em razão de erro imputável aos respectivos serviços notariais e de registro;
V – (VETADO)
VI – impor ao registro e averbação de situações jurídicas em que haja a interveniência de produtor rural quaisquer acréscimos a título de taxas, custas e contribuições para o Estado ou Distrito Federal, carteira de previdência, fundo de custeio de atos gratuitos e fundos especiais do Tribunal de Justiça, bem como de associação de classe, ou outros que venham a ser criados. (Incluído pela Lei nº 13.986, de 2020)
Art. 4º As tabelas de emolumentos serão publicadas nos órgãos oficiais das respectivas unidades da Federação, cabendo às autoridades competentes determinar a fiscalização do seu cumprimento e sua afixação obrigatória em local visível em cada serviço notarial e de registro. [...]

LEI DO ATENDIMENTO PRIORITÁRIO – LEI Nº 10.048, DE 8 DE NOVEMBRO DE 2000

Art. 1º As pessoas com deficiência, os idosos com idade igual ou superior a 60 (sessenta) anos, as gestantes, as lactantes, as pessoas com crianças de colo e os obesos terão atendimento prioritário, nos termos desta Lei. (Redação dada pela Lei nº 13.146, de 2015) (Vigência)
Parágrafo único. Os acompanhantes ou atendentes pessoais das pessoas referidas no *caput* serão atendidos junta e acessoriamente aos titulares da prioridade de que trata esta Lei. (Incluído pela Lei nº 14.364, de 2022)
Art. 2º As repartições públicas e empresas concessionárias de serviços públicos estão obrigadas a dispensar atendimento prioritário, por meio de serviços individualizados que assegurem tratamento diferenciado e atendimento imediato às pessoas a que se refere o art. 1º.
Parágrafo único. É assegurada, em todas as instituições financeiras, a prioridade de atendimento às pessoas mencionadas no art. 1º.
Art. 3º As empresas públicas de transporte e as concessionárias de transporte coletivo reservarão assentos, devidamente identificados, aos idosos, gestantes, lactantes, pessoas portadoras de deficiência e pessoas acompanhadas por crianças de colo. [...]

LEI CONTRA AUTOSERVIÇO – LEI Nº 9.956, DE 12 DE JANEIRO DE 2000

Art. 1º Fica proibido o funcionamento de bombas de auto-serviço operadas pelo próprio consumidor nos postos de abastecimento de combustíveis, em todo o território nacional. […]

LEI DE DATAS OPCIONAIS – LEI Nº 9.791, DE 24 DE MARÇO DE 1999

Art. 1º Esta Lei dispõe sobre a obrigatoriedade de as concessionárias de serviços públicos estabelecerem ao consumidor e ao usuário datas opcionais para o vencimento de seus débitos.
Art. 2º O Capítulo III da Lei nº 8.987, de 13 de fevereiro de 1995 (Lei de Concessões), passa a vigorar acrescido do seguinte artigo:

> "Art. 7º A. As concessionárias de serviços públicos, de direito público e privado, nos Estados e no Distrito Federal, são obrigadas a oferecer ao consumidor e ao usuário, dentro do mês de vencimento, o mínimo de seis datas opcionais para escolherem os dias de vencimento de seus débitos. Parágrafo único. (VETADO)" […]

LEI DAS MENSALIDADES ESCOLARES – LEI Nº 9.870, DE 23 DE NOVEMBRO DE 1999

Art. 1º O valor das anuidades ou das semestralidades escolares do ensino pré-escolar, fundamental, médio e superior, será contratado, nos termos desta Lei, no ato da matrícula ou da sua renovação, entre o estabelecimento de ensino e o aluno, o pai do aluno ou o responsável.

§1º O valor anual ou semestral referido no *caput* deste artigo deverá ter como base a última parcela da anuidade ou da semestralidade legalmente fixada no ano anterior, multiplicada pelo número de parcelas do período letivo.

§2º (VETADO)

§3º Poderá ser acrescido ao valor total anual de que trata o §1º montante proporcional à variação de custos a título de pessoal e de custeio, comprovado mediante apresentação de planilha de custo, mesmo quando esta variação resulte da introdução de aprimoramentos no processo didático-pedagógico. (Vide Medida Provisória nº 1.930, de 1999) (Incluído pela Medida Provisória nº 2.173-24, de 2001)

§4º A planilha de que trata o §3º será editada em ato do Poder Executivo. (Vide Medida Provisória nº 1.930, de 1999) (Regulamento) (Incluído pela Medida Provisória nº 2.173-24, de 2001)

§5º O valor total, anual ou semestral, apurado na forma dos parágrafos precedentes terá vigência por um ano e será dividido em doze ou seis parcelas mensais iguais, facultada a apresentação de planos de pagamento alternativos, desde que não excedam ao valor total anual ou semestral apurado na forma dos parágrafos anteriores. (Vide Medida Provisória nº 1.930, de 1999) (Renumerado pela Medida Provisória nº 2.173-24, de 2001)

§6º Será nula, não produzindo qualquer efeito, cláusula contratual de revisão ou reajustamento do valor das parcelas da anuidade ou semestralidade escolar em prazo inferior a um ano a contar da data de sua fixação, salvo quando expressamente prevista em lei. (Vide Medida Provisória nº 1.930, de 1999) (Renumerado pela Medida Provisória nº 2.173-24, de 2001)

§7º Será nula cláusula contratual que obrigue o contratante ao pagamento adicional ou ao fornecimento de qualquer material escolar de uso coletivo dos estudantes ou da instituição, necessário à prestação dos serviços educacionais contratados, devendo os custos correspondentes ser sempre considerados nos cálculos do valor das anuidades ou das semestralidades escolares. (Incluído pela Lei nº 12.886, de 2013)

Art. 2º O estabelecimento de ensino deverá divulgar, em local de fácil acesso ao público, o texto da proposta de contrato, o valor apurado na forma do art. 1º e o número de vagas por sala-classe, no período mínimo de quarenta e cinco dias antes da data final para matrícula, conforme calendário e cronograma da instituição de ensino. [...]

Art. 6º São proibidas a suspensão de provas escolares, a retenção de documentos escolares ou a aplicação de quaisquer outras penalidades pedagógicas por motivo de inadimplemento, sujeitando-se o contratante, no que couber, às sanções legais e administrativas, compatíveis com o Código de Defesa do Consumidor, e com os arts. 177 e 1.092 do Código Civil Brasileiro, caso a inadimplência perdure por mais de noventa dias. [...]

LEI DAS EMBALAGENS –
LEI Nº 9.832, DE 14 DE SETEMBRO DE 1999

Art. 1º É proibido em todo o território nacional, a partir de dois anos da entrada em vigor desta Lei, o uso industrial de embalagens metálicas soldadas com liga de chumbo e estanho para acondicionamento de gêneros alimentícios, exceto para produtos secos ou desidratados.

[...]

LEI DO SISTEMA FINANCEIRO IMOBILIÁRIO – LEI Nº 9.514, DE 20 DE NOVEMBRO DE 1997

[...]
CAPÍTULO II
Da Alienação Fiduciária de Coisa Imóvel

Art. 22. A alienação fiduciária regulada por esta Lei é o negócio jurídico pelo qual o devedor, ou fiduciante, com o escopo de garantia, contrata a transferência ao credor, ou fiduciário, da propriedade resolúvel de coisa imóvel. [...]

Art. 26. Vencida e não paga, no todo ou em parte, a dívida e constituído em mora o fiduciante, consolidar-se-á, nos termos deste artigo, a propriedade do imóvel em nome do fiduciário.

§1º Para os fins do disposto neste artigo, o fiduciante, ou seu representante legal ou procurador regularmente constituído, será intimado, a requerimento do fiduciário, pelo oficial do competente Registro de Imóveis, a satisfazer, no prazo de quinze dias, a prestação vencida e as que se vencerem até a data do pagamento, os juros convencionais, as penalidades e os demais encargos contratuais, os encargos legais, inclusive tributos, as contribuições condominiais imputáveis ao imóvel, além das despesas de cobrança e de intimação.

§2º O contrato definirá o prazo de carência após o qual será expedida a intimação.

§3º A intimação far-se-á pessoalmente ao fiduciante, ou ao seu representante legal ou ao procurador regularmente constituído, podendo ser promovida, por solicitação do oficial do Registro de Imóveis, por oficial de Registro de Títulos e Documentos da comarca da situação do imóvel ou do domicílio de quem deva recebê-la, ou pelo correio, com aviso de recebimento.

§3º-A. Quando, por duas vezes, o oficial de registro de imóveis ou de registro de títulos e documentos ou o serventuário por eles credenciado houver procurado o intimando em seu domicílio ou residência sem o encontrar, deverá, havendo suspeita motivada de ocultação, intimar qualquer pessoa da família ou, em sua falta, qualquer vizinho de que, no dia útil imediato, retornará ao imóvel, a fim de efetuar a intimação, na hora que designar, aplicando-se subsidiariamente o disposto nos arts. 252, 253 e 254 da Lei nº 13.105, de 16 de março de 2015 (Código de Processo Civil). (Incluído pela Lei nº 13.465, de 2017)

§3º-B. Nos condomínios edilícios ou outras espécies de conjuntos imobiliários com controle de acesso, a intimação de que trata o §3º-A poderá ser feita ao funcionário da portaria responsável pelo recebimento de correspondência. (Incluído pela Lei nº 13.465, de 2017)

§4º Quando o fiduciante, ou seu cessionário, ou seu representante legal ou procurador encontrar-se em local ignorado, incerto ou inacessível, o fato será certificado pelo serventuário encarregado da diligência e informado ao oficial de Registro de Imóveis, que, à vista da certidão, promoverá a intimação por edital publicado durante 3 (três) dias, pelo menos, em um dos jornais de maior circulação local ou noutro de comarca de fácil acesso, se no local não houver imprensa diária, contado o prazo para purgação da mora da data da última publicação do edital. (Redação dada pela Lei nº 13.043, de 2014)

§5º Purgada a mora no Registro de Imóveis, convalescerá o contrato de alienação fiduciária.

§6º O oficial do Registro de Imóveis, nos três dias seguintes à purgação da mora, entregará ao fiduciário as importâncias recebidas, deduzidas as despesas de cobrança e de intimação.

§7º Decorrido o prazo de que trata o §1º sem a purgação da mora, o oficial do competente Registro de Imóveis, certificando esse fato, promoverá a averbação, na matrícula do imóvel, da consolidação da propriedade em nome do fiduciário, à vista da prova do pagamento por este, do imposto de transmissão intervivos e, se for o caso, do laudêmio. (Redação dada pela Lei nº 10.931, de 2004) [...]

LEI – ADVERTÊNCIA DE GLÚTEN – LEI Nº 8.543, DE 23 DE DEZEMBRO DE 1992

Art. 1º Todos os alimentos industrializados que contenham glúten, como trigo, aveia, cevada, malte e centeio e/ou seus derivados, deverão conter, obrigatoriamente, advertência indicando essa composição.
§1º (VETADO)
§2º A advertência deve ser impressa nos rótulos e embalagens dos produtos industrializados em caracteres com destaque, nítidos e de fácil Leitura.
§3º As indústrias alimentícias ligadas ao setor terão o prazo de um ano, a contar da publicação desta Lei, para tomar as medidas necessárias ao seu cumprimento.

LEI DE COMBUSTÍVEIS – LEI Nº 8.176, DE 8 DE FEVEREIRO DE 1991

Art. 1º Constitui crime contra a ordem econômica:
I – adquirir, distribuir e revender derivados de petróleo, gás natural e suas frações recuperáveis, álcool etílico, hidratado carburante e demais combustíveis líquidos carburantes, em desacordo com as normas estabelecidas na forma da lei;
II – usar gás liqüefeito de petróleo em motores de qualquer espécie, saunas, caldeiras e aquecimento de piscinas, ou para fins automotivos, em desacordo com as normas estabelecidas na forma da lei.
Pena: detenção de um a cinco anos. [...]

LEIS – FINANCIAMENTO IMOBILIÁRIO – LEI Nº 8.100, DE 5 DE DEZEMBRO DE 1990

Art. 1º As prestações mensais pactuadas nos contratos de financiamento firmados no âmbito do Sistema Financeiro da Habitação (SFH), vinculados ao Plano de Equivalência Salarial por Categoria Profissional (PES/CP), serão reajustadas em função da data-base para a respectiva revisão salarial, mediante a aplicação do percentual que resultar:
I – da variação: até fevereiro de 1990, do Índice de Preços ao Consumidor (IPC) e, a partir de março de 1990, o valor nominal do Bônus do Tesouro Nacional (BTN);
II – do acréscimo de percentual relativo ao ganho real de salário.
1º No caso de contratos enquadrados na modalidade plena do PES/CP, far-se-á, a partir do mês de julho de 1990, o reajuste mensal das respectivas prestações, com base no percentual de variação do valor nominal do BTN.
2º Do percentual de reajuste de que trata o *caput* deste artigo será deduzido o percentual de reajuste a que se refere o parágrafo anterior.
3º É facultado ao agente financeiro aplicar, em substituição aos percentuais previstos no *caput* e 1º deste artigo, o índice de aumento salarial da categoria profissional que for antecipadamente conhecido.
Art. 2º Ao mutuário, cujo aumento salarial for inferior à variação dos percentuais referidos no *caput* e 1º do artigo anterior, fica assegurado o reajuste das prestações mensais em percentual idêntico ao do respectivo aumento salarial, desde que efetuem a devida comprovação perante o agente financeiro.
Art. 3º O Fundo de Compensação de Variações Salariais – FCVS quitará somente um saldo devedor remanescente por mutuário ao final do contrato, exceto aqueles relativos aos contratos firmados até 5 de dezembro de 1990, ao amparo da legislação do SFH, independentemente da data de ocorrência do evento caracterizador da obrigação do FCVS. (Redação dada pela Lei nº 10.150, de 21.12.2001) [...]

LEIS – FINANCIAMENTO IMOBILIÁRIO – LEI Nº 8.692, DE 28 DE JULHO DE 1993

Art. 1º É criado o Plano de Comprometimento da Renda (PCR), como modalidade de reajustamento de contrato de financiamento habitacional, no âmbito do Sistema Financeiro da Habitação.
Art. 2º Os contratos de financiamento habitacional celebrados em conformidade com o Plano de Comprometimento da Renda estabelecerão percentual de no máximo trinta por cento da renda bruta do mutuário destinado ao pagamento dos encargos mensais.
Parágrafo único. Define-se como encargo mensal, para efeitos desta lei, o total pago, mensalmente, pelo beneficiário de financiamento habitacional e compreendendo a parcela de amortização e juros, destinada ao resgate do financiamento concedido, acrescida de seguros estipulados em contrato. [...]
Art. 5º Durante todo o curso do contrato, a instituição credora manterá demonstrativo da evolução do saldo devedor do financiamento, discriminando o valor das quotas mensais de amortização, calculadas em valor suficiente para a extinção da dívida no prazo contratado, bem como as quotas mensais de amortização efetivamente pagas pelo mutuário. [...]
Art. 25. Nos financiamentos celebrados no âmbito do Sistema Financeiro da Habitação, a taxa efetiva de juros será de, no máximo, doze por cento ao ano. [...]

LEI – CRIMES CONTRA RELAÇÕES DE CONSUMO – LEI Nº 8.137, DE 27 DE DEZEMBRO DE 1990

[...]
CAPÍTULO II
Dos crimes Contra a Economia e as Relações de Consumo

Art. 4º Constitui crime contra a ordem econômica: [...]
II – formar acordo, convênio, ajuste ou aliança entre ofertantes, visando: (Redação dada pela Lei nº 12.529, de 2011).
a) à fixação artificial de preços ou quantidades vendidas ou produzidas; (Redação dada pela Lei nº 12.529, de 2011).
b) ao controle regionalizado do mercado por empresa ou grupo de empresas; (Redação dada pela Lei nº 12.529, de 2011).
c) ao controle, em detrimento da concorrência, de rede de distribuição ou de fornecedores. (Redação dada pela Lei nº 12.529, de 2011).
Pena – reclusão, de 2 (dois) a 5 (cinco) anos e multa. [...]
Art. 7º Constitui crime contra as relações de consumo:
I – favorecer ou preferir, sem justa causa, comprador ou freguês, ressalvados os sistemas de entrega ao consumo por intermédio de distribuidores ou revendedores;
II – vender ou expor à venda mercadoria cuja embalagem, tipo, especificação, peso ou composição esteja em desacordo com as prescrições legais, ou que não corresponda à respectiva classificação oficial;
III – misturar gêneros e mercadorias de espécies diferentes, para vendê-los ou expô-los à venda como puros; misturar gêneros e mercadorias de qualidades desiguais para vendê-los ou expô-los à venda por preço estabelecido para os demais mais alto custo;
IV – fraudar preços por meio de:
a) alteração, sem modificação essencial ou de qualidade, de elementos tais como denominação, sinal externo, marca, embalagem,

especificação técnica, descrição, volume, peso, pintura ou acabamento de bem ou serviço;
b) divisão em partes de bem ou serviço, habitualmente oferecido à venda em conjunto;
c) junção de bens ou serviços, comumente oferecidos à venda em separado;
d) aviso de inclusão de insumo não empregado na produção do bem ou na prestação dos serviços;
V – elevar o valor cobrado nas vendas a prazo de bens ou serviços, mediante a exigência de comissão ou de taxa de juros ilegais;
VI – sonegar insumos ou bens, recusando-se a vendê-los a quem pretenda comprá-los nas condições publicamente ofertadas, ou retê-los para o fim de especulação;
VII – induzir o consumidor ou usuário a erro, por via de indicação ou afirmação falsa ou enganosa sobre a natureza, qualidade do bem ou serviço, utilizando-se de qualquer meio, inclusive a veiculação ou divulgação publicitária;
VIII – destruir, inutilizar ou danificar matéria-prima ou mercadoria, com o fim de provocar alta de preço, em proveito próprio ou de terceiros;
IX – vender, ter em depósito para vender ou expor à venda ou, de qualquer forma, entregar matéria-prima ou mercadoria, em condições impróprias ao consumo;
Pena – detenção, de 2 (dois) a 5 (cinco) anos, ou multa.
Parágrafo único. Nas hipóteses dos incisos II, III e IX pune-se a modalidade culposa, reduzindo-se a pena e a detenção de 1/3 (um terço) ou a de multa à quinta parte. [...]
Art. 16. Qualquer pessoa poderá provocar a iniciativa do Ministério Público nos crimes descritos nesta lei, fornecendo-lhe por escrito informações sobre o fato e a autoria, bem como indicando o tempo, o lugar e os elementos de convicção.
Parágrafo único. Nos crimes previstos nesta Lei, cometidos em quadrilha ou co-autoria, o co-autor ou partícipe que através de confissão espontânea revelar à autoridade policial ou judicial toda a trama delituosa terá a sua pena reduzida de um a dois terços. [...]

DECRETO – INFORMAÇÃO CLARA – DECRETO Nº 5.903, DE 20 DE SETEMBRO DE 2006

[...]
Art. 2º Os preços de produtos e serviços deverão ser informados adequadamente, de modo a garantir ao consumidor a correção, clareza, precisão, ostensividade e legibilidade das informações prestadas.
§1º Para efeito do disposto no *caput* deste artigo, considera-se:
I – correção, a informação verdadeira que não seja capaz de induzir o consumidor em erro;
II – clareza, a informação que pode ser entendida de imediato e com facilidade pelo consumidor, sem abreviaturas que dificultem a sua compreensão, e sem a necessidade de qualquer interpretação ou cálculo;
III – precisão, a informação que seja exata, definida e que esteja física ou visualmente ligada ao produto a que se refere, sem nenhum embaraço físico ou visual interposto;
IV – ostensividade, a informação que seja de fácil percepção, dispensando qualquer esforço na sua assimilação; e
V – legibilidade, a informação que seja visível e indelével.
Art. 3º O preço de produto ou serviço deverá ser informado discriminando-se o total à vista.
Parágrafo único. No caso de outorga de crédito, como nas hipóteses de financiamento ou parcelamento, deverão ser também discriminados:
I – o valor total a ser pago com financiamento;
II – o número, periodicidade e valor das prestações;
III – os juros; e
IV – os eventuais acréscimos e encargos que incidirem sobre o valor do financiamento ou parcelamento.

Art. 4º Os preços dos produtos e serviços expostos à venda devem ficar sempre visíveis aos consumidores enquanto o estabelecimento estiver aberto ao público.
Parágrafo único. A montagem, rearranjo ou limpeza, se em horário de funcionamento, deve ser feito sem prejuízo das informações relativas aos preços de produtos ou serviços expostos à venda.
Art. 5º Na hipótese de afixação de preços de bens e serviços para o consumidor, em vitrines e no comércio em geral, de que trata o inciso I do art. 2º da Lei nº 10.962, de 2004, a etiqueta ou similar afixada diretamente no produto exposto à venda deverá ter sua face principal voltada ao consumidor, a fim de garantir a pronta visualização do preço, independentemente de solicitação do consumidor ou intervenção do comerciante.
Parágrafo único. Entende-se como similar qualquer meio físico que esteja unido ao produto e gere efeitos visuais equivalentes aos da etiqueta.
Art. 6º Os preços de bens e serviços para o consumidor nos estabelecimentos comerciais de que trata o inciso II do art. 2º da Lei nº 10.962, de 2004, admitem as seguintes modalidades de afixação:
I – direta ou impressa na própria embalagem;
II – de código referencial; ou
III – de código de barras.
§1º Na afixação direta ou impressão na própria embalagem do produto, será observado o disposto no art. 5º deste Decreto.
§2º A utilização da modalidade de afixação de código referencial deverá atender às seguintes exigências:
I – a relação dos códigos e seus respectivos preços devem estar visualmente unidos e próximos dos produtos a que se referem, e imediatamente perceptível ao consumidor, sem a necessidade de qualquer esforço ou deslocamento de sua parte; e
II – o código referencial deve estar fisicamente ligado ao produto, em contraste de cores e em tamanho suficientes que permitam a pronta identificação pelo consumidor.
§3º Na modalidade de afixação de código de barras, deverão ser observados os seguintes requisitos:
I – as informações relativas ao preço à vista, características e código do produto deverão estar a ele visualmente unidas, garantindo a pronta identificação pelo consumidor;

II – a informação sobre as características do item deve compreender o nome, quantidade e demais elementos que o particularizem; e
III – as informações deverão ser disponibilizadas em etiquetas com caracteres ostensivos e em cores de destaque em relação ao fundo.

Art. 7º Na hipótese de utilização do código de barras para apreçamento, os fornecedores deverão disponibilizar, na área de vendas, para consulta de preços pelo consumidor, equipamentos de leitura ótica em perfeito estado de funcionamento.

§1º Os leitores óticos deverão ser indicados por cartazes suspensos que informem a sua localização.

§2º Os leitores óticos deverão ser dispostos na área de vendas, observada a distância máxima de quinze metros entre qualquer produto e a leitora ótica mais próxima.

§3º Para efeito de fiscalização, os fornecedores deverão prestar as informações necessárias aos agentes fiscais mediante disponibilização de croqui da área de vendas, com a identificação clara e precisa da localização dos leitores óticos e a distância que os separa, demonstrando graficamente o cumprimento da distância máxima fixada neste artigo.

Art. 8º A modalidade de relação de preços de produtos expostos e de serviços oferecidos aos consumidores somente poderá ser empregada quando for impossível o uso das modalidades descritas nos arts. 5º e 6º deste Decreto.

§1º A relação de preços de produtos ou serviços expostos à venda deve ter sua face principal voltada ao consumidor, de forma a garantir a pronta visualização do preço, independentemente de solicitação do consumidor ou intervenção do comerciante.

§2º A relação de preços deverá ser também afixada, externamente, nas entradas de restaurantes, bares, casas noturnas e similares.

Art. 9º Configuram infrações ao direito básico do consumidor à informação adequada e clara sobre os diferentes produtos e serviços, sujeitando o infrator às penalidades previstas na Lei nº 8.078, de 1990, as seguintes condutas:

I – utilizar letras cujo tamanho não seja uniforme ou dificulte a percepção da informação, considerada a distância normal de visualização do consumidor;

II – expor preços com as cores das letras e do fundo idêntico ou semelhante;

III – utilizar caracteres apagados, rasurados ou borrados;
IV – informar preços apenas em parcelas, obrigando o consumidor ao cálculo do total;
V – informar preços em moeda estrangeira, desacompanhados de sua conversão em moeda corrente nacional, em caracteres de igual ou superior destaque;
VI – utilizar referência que deixa dúvida quanto à identificação do item ao qual se refere;
VII – atribuir preços distintos para o mesmo item; e
VIII – expor informação redigida na vertical ou outro ângulo que dificulte a percepção.
Art. 10. A aplicação do disposto neste Decreto dar-se-á sem prejuízo de outras normas de controle incluídas na competência de demais órgãos e entidades federais.
Parágrafo único. O disposto nos arts. 2º, 3º e 9º deste Decreto aplica-se às contratações no comércio eletrônico.

DECRETO – SISTEMA NACIONAL DE DEFESA DO CONSUMIDOR – DECRETO Nº 2.181, DE 20 DE MARÇO DE 1997

[...]
Art. 12. São consideradas práticas infrativas:
I – condicionar o fornecimento de produto ou serviço ao fornecimento de outro produto ou serviço, bem como, sem justa causa, a limites quantitativos;
II – recusar atendimento às demandas dos consumidores na exata medida de sua disponibilidade de estoque e, ainda, de conformidade com os usos e costumes;
III – recusar, sem motivo justificado, atendimento à demanda dos consumidores de serviços;
IV – enviar ou entregar ao consumidor qualquer produto ou fornecer qualquer serviço, sem solicitação prévia;
V – prevalecer-se da fraqueza ou ignorância do consumidor, tendo em vista sua idade, saúde, conhecimento ou condição social, para impingir-lhe seus produtos ou serviços;
VI – exigir do consumidor vantagem manifestamente excessiva;
VII – executar serviços sem a prévia elaboração de orçamento e auto consumidor. ressalvadas as decorrentes de práticas anteriores entre as partes;
VIII – repassar informação depreciativa referente a ato praticado pelo consumidor no exercício de seus direitos;
IX – colocar, no mercado de consumo, qualquer produto ou serviço:
a) em desacordo com as normas expedidas pelos órgãos oficiais competentes ou, se normas específicas não existirem, pela Associação Brasileira de Normas Técnicas – ABNT ou outra entidade credenciada pelo Conselho Nacional de Metrologia, Normalização e Qualidade Industrial – Conmetro, observado o disposto no inciso VI do *caput* do art. 3º da Lei nº 13.874, de 20 de setembro de 2019; (Redação dada pelo Decreto nº 10.887, de 2021)

b) que acarrete riscos à saúde ou à segurança dos consumidores e sem informações ostensivas e adequadas, inclusive no caso de oferta ou de aquisição de produto ou serviço por meio de provedor de aplicação; (Redação dada pelo Decreto nº 10.887, de 2021)

c) em desacordo com as indicações constantes do recipiente, da embalagem, da rotulagem ou mensagem publicitária, respeitadas as variações decorrentes de sua natureza;

d) impróprio ou inadequado ao consumo a que se destina ou que lhe diminua o valor;

X – deixar de reexecutar os serviços, quando cabível, sem custo adicional;

XI – deixar de estipular prazo para o cumprimento de sua obrigação ou deixar a fixação ou variação de seu termo inicial a seu exclusivo critério.

Art. 13. Serão consideradas, ainda, práticas infrativas, na forma dos dispositivos da Lei nº 8.078, de 1990:

I – ofertar produtos ou serviços sem as informações corretas, claras, precisa e ostensivas, em língua portuguesa, sobre suas características, qualidade, quantidade, composição, preço, condições de pagamento, juros, encargos, garantia, prazos de validade e origem, entre outros dados relevantes;

II – deixar de comunicar à autoridade competente a periculosidade do produto ou serviço, quando do lançamento dos mesmos no mercado de consumo, ou quando da verificação posterior da existência do risco;

III – deixar de comunicar aos consumidores, por meio de anúncios publicitários, a periculosidade do produto ou serviço, quando do lançamento dos mesmos no mercado de consumo, ou quando da verificação posterior da existência do risco;

IV – deixar de reparar os danos causados aos consumidores por defeitos decorrentes de projetos, fabricação, construção, montagem, manipulação, apresentação ou acondicionamento de seus produtos ou serviços, ou por informações insuficientes ou inadequadas sobre a sua utilização e risco;

V – deixar de empregar componentes de reposição originais, adequados e novos, ou que mantenham as especificações técnicas do fabricante, salvo se existir autorização em contrário do consumidor;

VI - deixar de cumprir a oferta, publicitária ou não, suficientemente precisa, ressalvada a incorreção retificada em tempo hábil ou exclusivamente atribuível ao veículo de comunicação, sem prejuízo, inclusive nessas duas hipóteses, do cumprimento forçado do anunciado ou do ressarcimento de perdas e danos sofridos pelo consumidor, assegurado o direito de regresso do anunciante contra seu segurador ou responsável direto;
VII - omitir, nas ofertas ou vendas eletrônicas, por telefone ou reembolso postal, o nome e endereço do fabricante ou do importador na embalagem, na publicidade e nos impressos utilizados na transação comercial;
VIII - deixar de cumprir, no caso de fornecimento de produtos e serviços, o regime de preços tabelados, congelados, administrados, fixados ou controlados pelo Poder Público;
IX - submeter o consumidor inadimplente a ridículo ou a qualquer tipo de constrangimento ou ameaça;
X - impedir ou dificultar o acesso gratuito do consumidor às informações existentes em cadastros, fichas, registros de dados pessoais e de consumo, arquivados sobre ele, bem como sobre as respectivas fontes;
XI - elaborar cadastros de consumo com dados irreais ou imprecisos;
XII - manter cadastros e dados de consumidores com informações negativas, divergentes da proteção legal;
XIII - deixar de comunicar, por escrito, ao consumidor a abertura de cadastro, ficha, registro de dados pessoais e de consumo, quando não solicitada por ele;
XIV - deixar de corrigir, imediata e gratuitamente, a inexatidão de dados e cadastros, quando solicitado pelo consumidor;
XV - deixar de comunicar ao consumidor, no prazo de cinco dias úteis, as correções cadastrais por ele solicitadas;
XVI - impedir, dificultar ou negar, sem justa causa, o cumprimento das declarações constantes de escritos particulares, recibos e pré-contratos concernentes às relações de consumo;
XVII - omitir em impressos, catálogos ou comunicações, impedir, dificultar ou negar a desistência contratual, no prazo de até sete dias a contar da assinatura do contrato ou do ato de recebimento do produto ou serviço, sempre que a contratação ocorrer fora

do estabelecimento comercial, especialmente por telefone ou a domicílio;

XVIII – impedir, dificultar ou negar a devolução dos valores pagos, monetariamente atualizados, durante o prazo de reflexão, em caso de desistência do contrato pelo consumidor;

XIX – deixar de entregar o termo de garantia, devidamente preenchido com as informações previstas no parágrafo único do art. 50 da Lei nº 8.078, de 1990;

XX – deixar, em contratos que envolvam vendas a prazo ou com cartão de crédito, de informar por escrito ao consumidor, prévia e adequadamente, inclusive nas comunicações publicitárias, o preço do produto ou do serviço em moeda corrente nacional, o montante dos juros de mora e da taxa efetiva anual de juros, os acréscimos legal e contratualmente previstos, o número e a periodicidade das prestações e, com igual destaque, a soma total a pagar, com ou sem financiamento;

XXI – deixar de assegurar a oferta de componentes e peças de reposição, enquanto não cessar a fabricação ou importação do produto, e, caso cessadas, de manter a oferta de componentes e peças de reposição por período razoável de tempo, nunca inferior à vida útil do produto ou serviço;

XXII – propor ou aplicar índices ou formas de reajuste alternativos, bem como fazê-lo em desacordo com aquele que seja legal ou contratualmente permitido;

XXIII – recusar a venda de produto ou a prestação de serviços, publicamente ofertados, diretamente a quem se dispõe a adquiri-los mediante pronto pagamento, ressalvados os casos regulados em leis especiais;

XXIV – deixar de trocar o produto impróprio, inadequado, ou de valor diminuído, por outro da mesma espécie, em perfeitas condições de uso, ou de restituir imediatamente a quantia paga, devidamente corrigida, ou fazer abatimento proporcional do preço, a critério do consumidor.

Parágrafo único. Aplica-se o disposto nos incisos I, II, III e VII do *caput* à oferta e à aquisição de produto ou de serviço por meio de provedor de aplicação. (Incluído pelo Decreto nº 10.887, de 2021)

Art. 14. É enganosa qualquer modalidade de informação ou comunicação de caráter publicitário inteira ou parcialmente falsa, ou, por qualquer outro modo, esmo por omissão, capaz de induzir a erro o consumidor a respeito da natureza, características, qualidade, quantidade, propriedade, origem, preço e de quaisquer outros dados sobre produtos ou serviços.

§1º É enganosa, por omissão, a publicidade que deixar de informar sobre dado essencial do produto ou serviço a ser colocado à disposição dos consumidores.

§2º É abusiva, entre outras, a publicidade discriminatória de qualquer natureza, que incite à violência, explore o medo ou a superstição, se aproveite da deficiência de julgamento e da inexperiência da criança, desrespeite valores ambientais, seja capaz de induzir o consumidor a se comportar de forma prejudicial ou perigosa à sua saúde ou segurança, ou que viole normas legais ou regulamentares de controle da publicidade.

§3º O ônus da prova da veracidade (não-enganosidade) e da correção (não-abusividade) da informação ou comunicação publicitária cabe a quem as patrocina.

§4º Para fins do disposto neste artigo, entende-se por publicidade a veiculação de mensagem, em meio analógico ou digital, inclusive por meio de provedor de aplicação, que vise a promover a oferta ou a aquisição de produto ou de serviço disponibilizado no mercado de consumo. (Incluído pelo Decreto nº 10.887, de 2021) [...]

Esta obra foi composta em fonte Palatino Linotype, corpo 10,5 e impressa em papel Pólen Bold 70g (miolo) e Supremo 250g (capa) pela Gráfica Paulinelli.